교과 교과서가 만난 역사논술

행복한 논술 편집부



1호

# 역사토론

## 인물사편

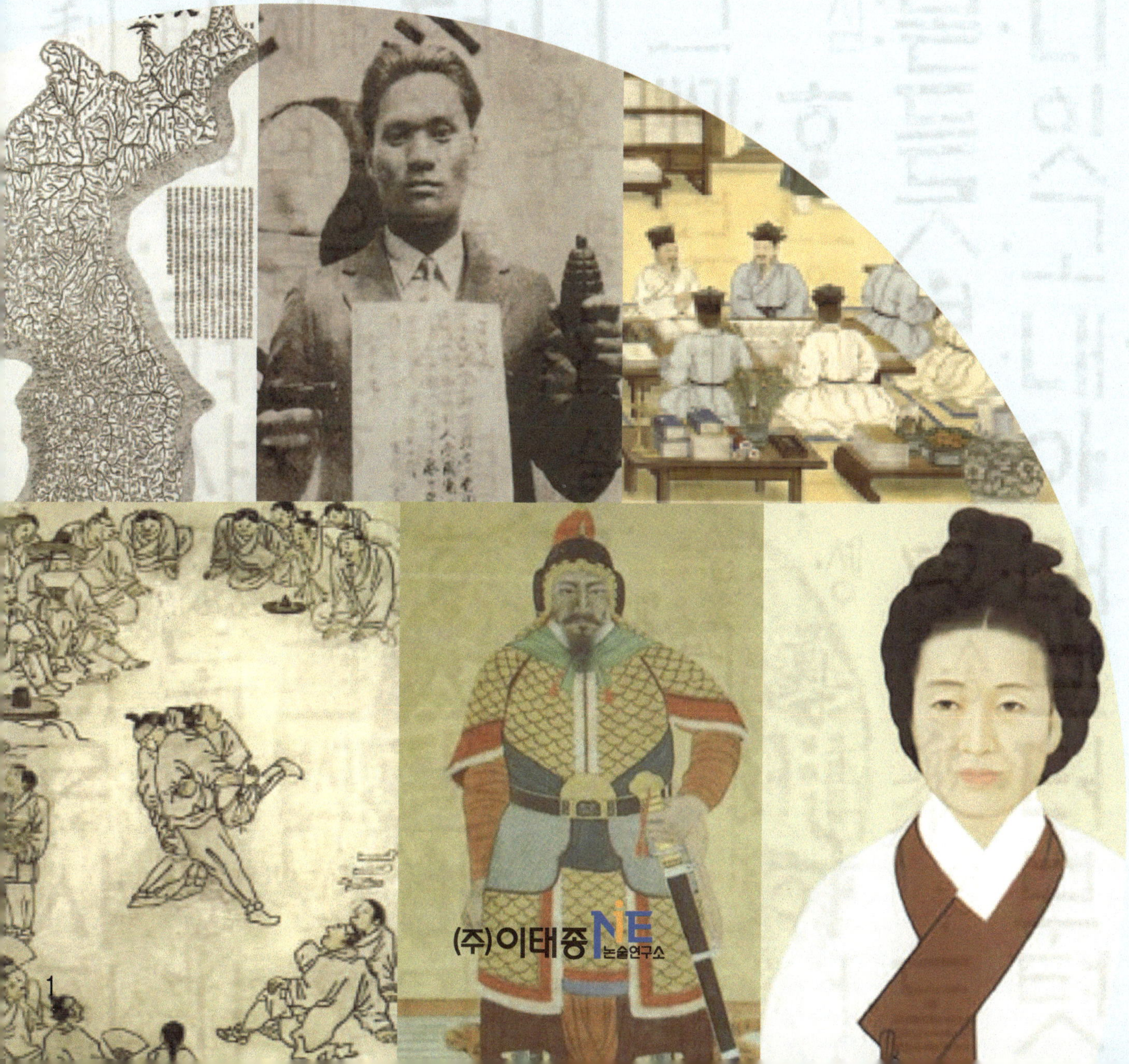


(주)이태종 NIE 논술연구소

# 『역사토론』의 특징

『역사토론』 시리즈 1권은 주제사 12차시와 인물사 12차시를 통해 우리나라 역사를 심도 있게 공부할 수 있도록 꾸몄습니다. 모든 주제는 시사와 연계해 흥미와 현실감을 높였습니다. 그리고 역사에서 얻은 교훈을 바탕으로 문제 해결 능력과 비판적 사고력, 구술 능력을 극대화할 수 있도록 구성했습니다.

### 주제사

★건국, 화폐, 한류, 과거제도, 벽화, 도자기, 장례 문화, 천문, 전쟁, 무기, 외교, 여걸 등 12가지 주제로, 선사 시대부터 현대까지의 역사를 한눈에 살펴볼 수 있게 구성했습니다.

★역사적 사실을 비판적 시각으로 재구성하는 토론형 문제를 제시했습니다.

★역사적 교훈을 현실 문제와 연결해 논술하도록 했습니다.

### 인물사

★장보고, 강감찬, 세종대왕, 장영실, 신사임당, 허준, 박문수, 김홍도, 정약용, 김정호, 고종, 윤봉길 등 열두 명의 역사적 인물을 소개하며 인물과 관련된 역사를 배웁니다.

★역사적 인물이 살던 시대의 특징을 분석했습니다.

★역사적 인물을 평가하는 논술 문제를 제시했습니다.

### 부록

★한눈에 보는 한국사 연표
★문제 출제 의도와 해설이 담긴 답안과 풀이
★지침서는 홈페이지(www.niefather.com)에 탑재

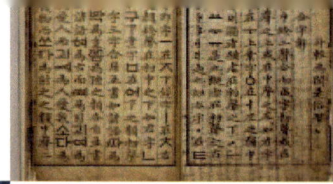

## 인물사편

| | |
|---|---:|
| ◇ 신라는 왜 장보고를 암살했을까 | 7 |
| ◆ 고려를 지킨 영웅 강감찬 | 13 |
| ◇ 세종대왕과 훈민정음 창제 비밀 작전 | 19 |
| ◆ 천재 과학자 장영실, 그 의문의 퇴장 | 25 |
| ◇ 5만원짜리 지폐 모델 신사임당은 슈퍼우먼? | 31 |
| ◆ 백성의 주치의 허준과 동의보감 | 37 |
| ◇ 박문수는 왜 '암행어사의 전설'이 되었나 | 43 |
| ◆ 천재 화가 김홍도, 조선을 한 폭 그림에 담다 | 49 |
| ◇ 백성을 지독히도 사랑한 대학자 정약용 | 55 |
| ◆ 김정호는 왜 대동여지도를 만들었을까 | 61 |
| ◇ 고종 황제의 독립을 지키기 위한 노력 | 67 |
| ◆ 목숨 바쳐 독립운동 불씨 살린 청년 윤봉길 | 73 |
| ◇ 답안과 풀이 | 81 |

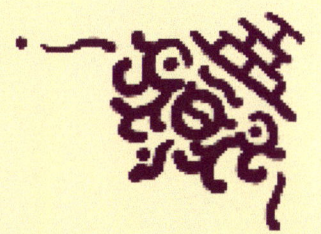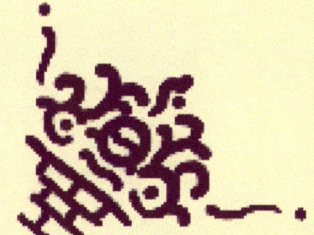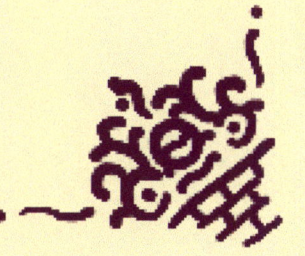

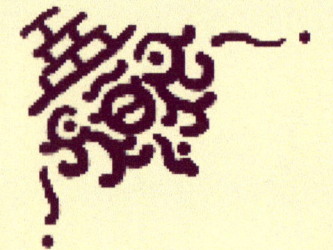

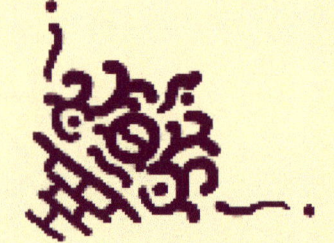

인물사 1

# 신라는 왜 장보고를 암살했을까

🔼 장보고가 활약한 완도에서 내려다본 바다의 모습. 동그라미 안의 섬은 완도에서 가까운 장도로, 장보고가 세운 청해진의 본부가 있던 곳이다. 장도에서는 당시의 모습을 엿볼 수 있는 유적과 유물이 발견되고 있다.

 10여 년 전만 해도 드넓은 갯벌만 있던 인천 앞바다가 경제와 물류의 중심지로 바뀌고 있어요. 송도 신도시와 청라·영종 지구를 중심으로 건설되는 인천경제자유구역은 한국·일본·중국 무역의 중심지여서 세계 여러 나라의 관심을 받고 있지요.

 바다는 예부터 세계로 통하는 고속도로였어요. 바다를 통해 상품을 실어 나르고 새로운 문화를 전달했지요. 우리나라는 3면이 바다에 둘러싸여 바다와 육지를 잇는 중요한 위치에 있어요.

 이런 특징을 잘 이용한 사람이 바로 신라의 장보고예요. 장보고는 1200여 년 전 전라남도 완도에 청해진을 세우고 바다를 어지럽히는 해적을 무찔러, 신라의 무역선들이 안심하고 장사를 할 수 있게 했어요. 일본과 당나라를 상대로 무역을 해 '해상 무역의 왕'이라는 이름도 얻었답니다.

 장보고의 활약상과 그가 살던 시대의 특징을 알아보고, 장보고와 청해진이 우리나라 역사에 미친 영향도 살펴요.

## 자신의 한계에 도전한 장보고

790년경 전라남도 완도에서 태어난 장보고는 활을 잘 쏴 '궁복'이라 불렸다. 장보고가 살던 통일신라 사회는 신분 차별이 심해 평민은 벼슬에 오를 수 없었다. 무예가 뛰어난 장보고는 신라에서는 자신의 꿈을 펼칠 수 없다고 판단해 813년경 당나라로 건너갔다. 장보고는 당나라 군대에 들어가 무령군 소장까지 오르며 큰 공을 세웠다.

하지만 당나라가 군대 규모를 점점 줄이자 장보고는 군대에서 나와 장사를 시작했다. 당나라에는 신라 사람들이 모여 사는 신라방이 많았다. 장보고는 신라방을 이끌며 큰돈을 벌어 산둥반도의 적산 지역에 법화원이라는 절도 지었다.

당시 당나라엔 해적에게 팔려온 신라 노예가 많았다. 이들의 비참한 생활을 본

### 신라인을 한데 묶은 법화원

⬆ 법화원과 법화원 앞에 세운 장보고 동상 모습.

신라 사람들은 법화원에 모여 장사를 떠난 사람들이 무사히 돌아오길 부처님께 빌었다. 장보고는 갈 곳이 없거나 해적에게 붙잡혀 온 신라 사람들이 법화원에 머물도록 도와주었다. 법화원은 당나라는 물론 신라, 일본에까지 유명해져 무역과 정보를 교환하는 장소로 자리 잡았다.

### 장보고와 당·이슬람의 무역 활동

청해진에서 출발한 장보고의 무역선은 당나라의 동쪽 지역으로 다니며 비단과 서화, 차 등을 사고, 신라의 금은 공예품과 약재, 인삼, 말, 가죽 등을 팔았다. 아라비아 등에서 건너와 당에 머무는 이슬람 상인들과도 무역을 했다. 에메랄드와 같은 보석과 공작 꼬리, 유리 제품(사진) 등을 주로 사고, 비단이나 칼, 도자기, 인삼 등을 팔았다.

장보고는 해적을 소탕하기 위해 828년 신라로 돌아왔다. 흥덕왕에게 군사 1만 명을 받고 대사로 임명된 장보고는 지금의 완도를 중심으로 청해진을 세웠다. 장보고의 활약으로 해적을 물리치고 해상권을 장악하자 청해진은 신라와 당, 일본을 연결하는 국제 무역의 중심지로 떠올랐다.

하지만 신라 왕과 귀족들은 장보고의 힘이 점점 커지는 것을 두려워했다. 결국 846년 삼국의 바다를 호령하던 해상왕 장보고는 신라 왕이 보낸 자객에게 죽임을 당했다.

### 장보고와 신라의 관계

⬆ 신라 흥덕왕릉에 있는 외국인 상.

장보고가 신라의 골칫거리인 해적을 없애자 백성들은 평화를 누릴 수 있었다. 장보고의 무역선이 당에서 사온 물건들은 신라 귀족에게 인기를 끌었는데, 이때 이슬람 문화도 함께 들어왔다.

장보고도 청해진이 신라의 수도인 금성(경주)과 멀리 떨어져 있었으므로 귀족의 방해를 받지 않고 자유롭게 무역을 할 수 있었다.

### 장보고와 일본의 무역 활동

신라는 항해술과 조선술이 뛰어났다. 일본은 이런 기술이 부족해 신라의 배를 타지 않고는 뱃길을 다닐 수 없었다.

장보고의 무역선은 일본에서 면이나 금 등을 사고 금은 공예품, 비단, 약재, 향료, 가죽, 거울, 불상, 낙타 등 신라와 당, 이슬람의 물건을 일본에 팔았다. 일본의 관리나 승려도 청해진의 도움을 받아 신라나 당으로 이동했다. 일본 승려 엔닌은 자신에게 도움을 준 장보고에 감사하는 마음으로 도쿄에 적산선원(**사진**)이란 절을 세웠다.

## 장보고와 운명을 함께한 청해진

완도에서 170m 정도 떨어진 장도는 장보고가 머물던 곳인데, 청해진의 본부로 사용됐다. 장도에는 돌과 진흙, 자갈을 이용해 쌓은 성과 식수로 쓰는 우물이 있었다. 해안가에는 말뚝을 줄지어 박아 적의 침입을 막았다. 당시 청해진과 그 주변 지역에는 청해진을 지키는 군사들과 백성, 상인들이 북적거렸다.

그러나 장보고가 갑자기 죽자 청해진은 혼란에 빠졌다. 청해진에서 활발하게 무역을 하던 상인들은 당이나 일본으로 뿔뿔이 흩어졌다. 장보고가 장악했던 해상권도 당으로 넘어갔다. 장보고를 따르던 백성들이 신라에 대항했지만, 신라 왕은 전북 김제로 사람들을 강제로 이주시키고 청해진을 비워버렸다.

◉ 장도에서 나온 유물과 유적(① 성의 내벽 ② 아랫부분만 남은 말뚝 ③ 우물 ④ 기와 더미 ⑤ 토기와 철기 등 생활용품 ⑥ 돌로 만든 맷돌).

결국 우리나라 해양 역사상 가장 강했던 장보고의 해상 왕국은 하루아침에 힘을 잃고 역사 속으로 사라지고 말았다.

## 장보고에서 시작된 고려청자

장보고는 사고파는 물건 가운데 특히 도자기를 중요하게 여겼다. 그래서 강진과 해남 지역에 도자기 만드는 곳을 차리고, 중국의 청자 기술을 빌려와 청자를 만드는 데 힘썼다. 장보고가 만든 신라 청자는 신라와 일본 등으로 불티나게 팔려 나갔다. 역사학자들은 고려청자를 개발한 것도 여기서부터 시작되었다고 주장한다.

◉ 고려 시대에 만든 청자상감구름학무늬매병.

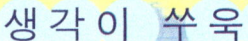

생각이 쑤욱

장보고와 관련된 내용이 적힌 벽돌들이에요. 바른 내용이 담긴 벽돌을 찾아 색칠하세요. 벽돌을 모두 색칠하면 어떤 글자가 보이나요?

| 어린 시절 활을 잘 쏘아 궁복이라 불렸다. | 당나라에 가서 무령군 소장이 되었다. | 청해진은 항해술과 조선술이 뛰어났다. |
| 청해진은 지금의 제주도를 말한다. | 장보고의 무역선은 일본의 관리와 승려도 실어 날랐다. | 신라 왕은 장보고가 청해진을 세우는 데 반대했다. |
| 당나라 군대에서 나온 뒤 장사를 해 큰돈을 벌었다. | 산둥반도 적산에 법화원이라는 절을 지었다. | 청해진은 해상 무역을 하기에 좋은 위치였다. |
| 아라비아 등 이슬람 상인과는 무역을 하지 않았다. | 평민으로 태어나 벼슬에 오를 수 없었다. | 장보고가 죽은 뒤에도 해상 무역은 활발하게 이뤄졌다. |
| 강진에서 청자를 만들어 신라와 일본에 팔았다. | 신라의 골칫거리였던 해적을 모두 소탕했다. | 846년 장보고는 신라 왕의 지시로 죽임을 당했다. |

어떤 글자가 보이나요?

적산에 법화원이 완성되었다는 소식을 듣고 신라 사람들이 법화원 앞으로 모였어요. 장보고는 사람들 앞에서 무슨 이야기를 했을까요?

↑ 장보고 영정

## 생각이 쑤욱

**3** 장보고가 다른 나라에 팔 물건을 배에 실으라고 명령했어요. 어떤 물건들이 실렸을지 보기에서 골라 적어요.

| 아라비아 | 당나라 | 일본 |
|---|---|---|
|  |  |  |
|  |  |  |

**보기** 말, 비단, 칼, 공작 꼬리, 도자기, 금은 공예품, 모피, 향료, 거울, 에메랄드, 불상, 인삼, 약재, 낙타, 가죽

**4** 다음은 장보고가 죽기까지 과정을 적은 글이에요. 이 글을 읽고 내가 문성왕이었다면 어떻게 했을지 1분간 말해요.

> 장보고가 해상 무역의 주인공으로 활동하는 동안 신라는 왕위 다툼이 치열했다. 신라는 더 이상 성골 출신에서 왕위를 이을 수 없어 귀족인 진골 중에서 왕을 뽑았다. 진골 귀족이면 누구나 왕이 될 기회가 생기자 왕이 되려는 경쟁이 심했다.
>  그런데 장보고와 인연이 있던 귀족 김우징이 왕권 다툼에서 밀려나 장보고를 찾아왔다. 그 뒤 김우징은 장보고의 도움으로 신무왕이 됐다.
>  신무왕은 자신의 아들과 장보고의 딸을 혼인시키기로 장보고에게 약속했다. 신무왕은 아들 김경웅에게도 반드시 장보고의 딸과 혼인하라고 당부하며 눈을 감았다.
>  그런데 김경웅이 문성왕이 되자 귀족들이 신분이 천한 장보고의 딸과 혼인하는 것을 반대했다. 결국 장보고는 846년 문성왕의 신하이자 옛 친구인 염장에게 목숨을 잃고 말았다.

**5** 영국의 탐험가 월터 롤리는 '바다를 지배하는 자가 세계를 지배한다.'는 말을 했어요. 장보고를 예로 들어 이 말의 뜻을 400자로 설명해요.

---

### 머리에 쏘~옥

**장보고의 무역선**

장보고가 당나라나 일본으로 보낸 무역선을 교관선이라 불러요.

이 교관선은 지난 2005년에 복원됐는데, 배 길이가 32m, 폭이 7m, 높이가 3m에 달한다고 해요. 배 무게는 200t(톤)이며, 물건을 최대 150t까지 실을 수 있을 것으로 추정된답니다.

↑ 울산과학대 이창억 교수가 10분의 1로 축소해 복원한 교관선 모습.

**골품제도**

신라 사람들은 태어나면서 자동으로 부모의 신분을 물려받았어요. 이를 골품제도라 하는데, 부모가 모두 왕족인 '성골'과 부모 가운데 한쪽이 왕족인 '진골', 그리고 1두품에서 6두품까지 여섯 개 '두품'이 있었어요.

신라의 골품제도는 개인의 정치나 사회 활동은 물론 집과 수레 규모, 옷차림까지 정하는 기준이 됐답니다.

 인물사 2

## 고려를 지킨 영웅 강감찬

해마다 10월이면 서울 관악구 봉천동 낙성대에선 '인헌(仁憲)제'가 열립니다. 고려 시대의 명장군 강감찬(948~1031)을 기리는 축제이지요.

낙성대는 강감찬 장군이 태어난 곳이고 '인헌'은 그가 세상을 떠난 뒤 덕종(재위 1031~34)이 그의 공을 기리기 위해 지어준 이름입니다.

강감찬은 거란을 무찔러 고려를 위기에서 구한 영웅입니다. 당시 왕이었던 현종(재위 1009~31)도 "강감찬이 없었다면 온 백성이 오랑캐 옷을 입을 뻔했다."고 말했을 정도예요. 그래서 강감찬을 '고려의 이순신'이라 부르는 사람들도 있답니다.

강감찬은 어떤 사람이었을까요? 당시 고려에는 어떤 일이 있었고, 강감찬은 어떤 방법으로 나라를 구했을까요?

⬆ 강감찬의 영정

## 특별한 탄생 설화…… 늦은 나이에 관직 진출

강감찬은 지금의 서울 봉천동(당시 시흥군)에서 태어났다. 『고려사』에는 그의 탄생 과정에 관해 다음과 같은 기록이 나온다.

"중국 사신이 고려를 방문하던 중 시흥군 쪽으로 큰 별이 떨어지는 것을 보고 그 집을 찾아갔다. 그 집 부인이 사내아이를 낳았는데 그가 강감찬이었다."

이처럼 특별한 탄생 설화를 가진 강감찬이었지만, 겉모습은 그와 달리 너무 작고 보잘 것 없었다. 그의 볼품없는 외모와 관련해 『신증동국여지승람』에 전해오는 이야기가 있다. 그가 예빈성(외국 사신을 맞이하는 기관) 관리로 일할 때였다. 중국 사신이 온다는 소식을 들은 강감찬은 자신의 외모가 보잘것없어 부리던 하인에게 자기 옷을 입혀 사신을 맞게 했다. 하지만 사신은 하인 곁에 서 있던 강감찬을 보고 "문곡성이 오랫동안 보이지 않더니 여기 와 있었다."며 놀랐다고 한다. 문곡성은 옛날 중국 사람들이 별점을 칠 때 큰 인물의 탄생을 알린다고 믿었던 별이다.

그러나 강감찬이 세상에 큰 인물로 이름을 떨치게 된 것은 매우 오랜 세월이 지

↑ 서울 관악구 봉천동 낙성대에 있는 강감찬의 동상. 낙성대는 강감찬이 탄생한 곳으로, 이곳에 큰 별이 떨어졌다 해 붙인 이름이다.

난 뒤였다. 과거에 장원으로 급제하긴 했지만 남들보다 늦은 나이인 36세 때였고, 급제한 뒤에도 처음 10년 동안은 지방 고을을 돌아다니며 낮은 관직에만 머물렀다. 그가 고려를 침입한 거란군을 무찔러 영웅이 된 것은 70세가 다 되어서였다.

## 고려는 당시 거란에게 세 차례나 침범 당해

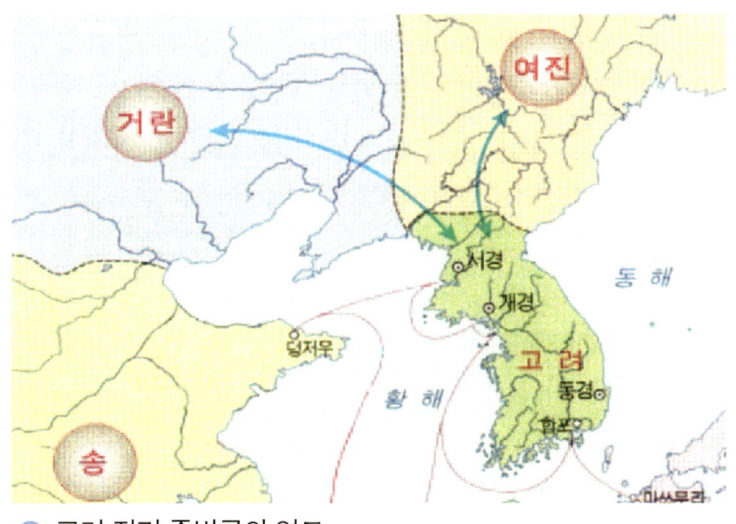
🔼 고려 전기 주변국의 영토.

고려는 바다 건너 '송'과는 가까이 지냈지만 '여진'이나 '거란'과는 사이가 좋지 않았다.

여진은 국경 지역에서 고려인의 재물을 약탈했기 때문에 늘 고려의 골칫덩어리였다. 거란은 고구려 후손인 발해를 멸망시킨 나라였다. 고구려의 뒤를 이은 고려는 동족을 멸망시킨 거란을 쳐 그들이 빼앗은 옛 고구려 땅을 되찾으려고 했다.

거란은 거란대로 자신들이 차지한 땅을 노리는 고려가 못마땅했다. 또 거란은 남쪽의 송나라를 정복해 넓은 중국 땅을 차지하려는 야심을 가지고 있었는데, 그러려면 송과 가까이 지내는 고려를 먼저 굴복시켜야 했다.

거란은 결국 993년 고려를 침입했다. 이 때는 서희 장군이 거란 장수 소손녕을 만나 담판을 지어 물러가게 했다. 그러나 거란은 1010년 40만 대군을 일으켜 다시 고려를 침입했다. 거란군의 기세에 눌린 고려 대신들은 모두 항복하자고 했지만 강감찬만은 반대했다. 그는 잠시 거란의 공격을 피했다가 군사를 정비해 뒤에서 공격하자고 했다. 이 작전은 성공했다. 당시 대신들 중 벼슬이 가장 낮았던 강감찬은 이 일로 현종의 눈에 들게 됐고, 1018년 거란이 세 번째로 침입했을 때는 고려군을 총지휘하는 '상원수'의 직책을 맡게 됐다.

## 강감찬은 고려를 어떻게 구했나

1018년 12월, 거란은 10만 대군을 이끌고 고려를 세 번째로 쳐들어왔다. 거란의 두 번째 침입 이후 이들이 또 다시 침입해 올 것을 예상한 강감찬은 그동안 왕에게 건의해 군사를 모으고 국방을 튼튼히 해 놓았다. 강감찬은 70세의 나이에도 직접 군대를 이끌고 전쟁터로 나갔다.

**1**

거란이 고려로 오는 길목인 흥화진에 삼교천이란 강이 있었다. 강감찬은 쇠가죽을 이어 이 강 위쪽의 물을 막게 한 뒤 적이 오기를 기다렸다.

거란군이 삼교천에 왔을 때 강 아래쪽은 위쪽을 막아 놓아 매우 얕았다. 안심한 거란군은 강을 건너기 시작했고, 이들이 반쯤 건넜을 때 강감찬은 쇠가죽을 걷게 했다. 거란군은 갑자기 쏟아지는 거센 물살에 정신없이 휩쓸려 내려갔다.

**4**

1월이라 날씨는 추운데 식량마저 떨어진 거란군은 싸움을 포기한 채 거란으로 말머리를 돌렸다. 강감찬은 귀주에서 이들을 기다리다가 돌아가는 적을 크게 무찔렀다. 10만 대군 가운데 살아 돌아간 거란군은 수천 명뿐이었다. 귀주에서 전멸하다시피 한 거란은 그 뒤로 다시는 고려를 침략하지 못했으며, 여진족이 세운 금나라에게 멸망했다.

**2**

흥화진에서 2만 명을 잃은 거란군은 흥화진 공격을 포기한 채 개경으로 향했다. 강감찬은 강민첨 장군을 보내 이들을 쫓아가게 했다. 강민첨은 자주에서 적의 꼬리를 잡아 기습 공격을 했다. 앞만 보고 가던 거란군은 뒤에서 갑자기 공격해 오는 고려군을 당해낼 수 없었다.

**3**

겨우 개경 근처에 도착한 거란군은 허둥지둥 오느라 식량을 잃어버렸다. 개경 백성들에게 식량을 빼앗으려 했지만 이들이 도착했을 때 마을은 텅 비어 있었고, 빈 집들엔 곡식 한 톨 없었다. 이 모든 일을 예상한 강감찬이 백성을 미리 피신시키고 마을을 떠날 때 식량을 남겨놓지 못하게 했기 때문이었다.

## 생각이 쑤욱

 **1.** 강감찬에 대해선 신비한 탄생 설화 외에도 다음과 같은 설화들이 전해져옵니다. 사람들이 이런 설화를 만든 까닭은 무엇일까요?

> 강감찬이 지방 관리로 일할 때, 삼각산에 사는 늙은 호랑이가 중으로 변신해 사람을 해친다는 말을 들었다. 강감찬은 편지로 호랑이를 불러 크게 꾸짖고 다시는 사람들을 괴롭히지 못하게 했다.
> 강감찬은 또 어느 혼인식에서 사람으로 둔갑해 신랑 행세를 하는 귀신을 물리친 적도 있으며, 하늘에서 내리는 벼락을 손으로 꺾은 적도 있다.

 **2.** 거란의 세 번째 고려 침입이 실패한 뒤 고려와 거란의 신문엔 어떤 제목의 기사가 실렸을까요?

| 고려일보 | 거란일보 |
|---|---|
|  |  |

 **3.** 강감찬이 거란군을 물리치지 못했다면 우리 역사는 어떻게 바뀌었을까요?

### 머리에 쏘~옥

**서희가 찾고 강감찬이 지킨 '강동 6주'**

993년 거란이 고려를 처음 쳐들어왔을 때 서희는 거란 장수 소손녕을 만나 담판을 짓고 압록강 이남에 있던 흥화진·용주·통주·철주·귀주·곽주 등 여섯 고을을 차지했습니다. 이를 '강동 6주'라고 하지요(교재 68쪽 참고).

그러나 거란은 고려에 넘겨준 강동 6주가 군사적으로 중요한 곳임을 뒤늦게 깨달았어요. 거란의 2, 3차 고려 침입은 이 강동 6주를 빼앗으려던 것인데 강감찬이 막아냈지요.

## 생각이 쑤욱

 낙성대를 찾는 관광객에게 나눠 줄 강감찬 소개 책자를 만들어요.
☞ 준비물 : 두꺼운 색도화지, 흰 종이, 자, 가위, 풀, 색사인펜, 색연필 등.

제가 태어난 낙성대에 오신 것을 환영합니다~

**강감찬의 특징을 살린 캐릭터를 그려 넣어요.**
(기사 내용을 바탕으로 강감찬은 어떤 외모와 인상을 가진 사람이었을지 상상해 보세요.)

**강감찬의 업적을 소개하고 오늘날 우리가 그에게서 배워야 할 정신을 400자로 적어요.**

# 세종대왕과 훈민정음 창제 비밀 작전

 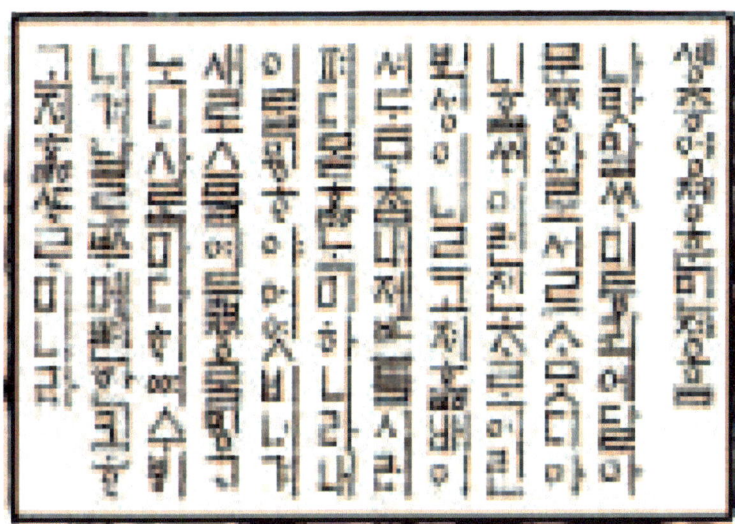

⬆ 서울 덕수궁에 있는 세종대왕 동상(왼쪽 사진)과 훈민정음 서문(오른쪽 사진).

　1910년 8월 일본에게 나라를 빼앗긴 뒤부터 1945년 8월 15일 나라를 되찾기까지 우리 국민은 제대로 된 국어 교육을 받지 못했어요.

　이 시기에 국민들에게 제대로 된 국어 교육을 시키기 위하여 세운 한글학회가 2008년 8월 31일 100주년을 맞았답니다. 100년 동안 우리말과 글을 지켜온 한글학회는 이제 한글을 세계화하기 위해 노력하고 있어요. 10월에는 세종대왕의 한글 반포(널리 알림)를 기념하는 한글날도 있지요.

　세종대왕이 창제한 한글은 우리나라를 대표하는 문화 상품이에요. 1997년에는 세계기록유산(유네스코가 정한 세계적으로 가치가 있는 기록물)으로 지정되었고, 현재 64개 나라 742개 대학에서 한글을 가르치고 있어요. 한국어능력시험을 치는 외국인도 7만 2000명에 이르렀지요.

　한글은 다른 어떤 글자보다 읽고 쓰기 쉬워요. 요즘은 상품 디자인에도 응용되어 한글의 아름다움을 세계에 알리고 있답니다.

　세종대왕이 한글을 만든 이유와 그 과정을 살펴보고, 한글의 우수성과 소중함도 배워요.

## 지극한 백성 사랑이 낳은 훈민정음

세종대왕은 1397년 조선 제3대 왕 태종(재위 1400~1418)의 셋째 아들로 태어났다.

세종대왕은 22살이 되던 해에 태종의 뒤를 이어 왕위에 올라 다양한 업적을 남겼다.

세종대왕은 백성을 지극히 사랑했다. 나라를 잘 다스리기 위해 인재를 가려 뽑았고, 백성에게 도움이 되는 정보를 주려고 활자를 개발해 많은 책을 펴냈다. 물시계인 자격루와 해시계인 앙부일구, 비가 내린 양을 재는 측우기 등도 만들게 해 백성의 생활을 편리하게 도왔다. 또 화약 무기를 개발해 나라를 침략하는 적을 막아 백성이 안심하고 살 수 있도록 했다.

세종대왕이 남긴 수많은 업적 가운데 가장 빛나는 것이 바로 한글 창제다. 우리나라는 오랫동안 우리말을 옮길 글이 없었다. 그래서 중국의 한자를 빌려 썼는데, 한자는 글자 수가 너무 많고 복잡해 사용하기 불편했다. 무엇보다 한자로는 우리말을 제대로 표현할 수 없는 것이 큰 문제였다.

세종대왕은 왕이면서도 뛰어난 언어학자였다. 세종대왕은 우리말을 빠짐없이

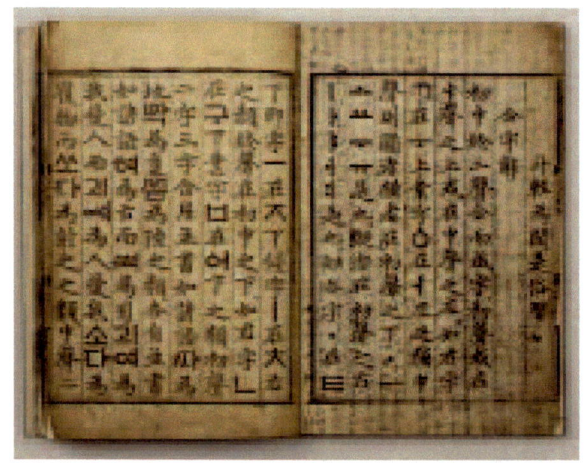

⬆ 국보 제70호 훈민정음. 이 책은 세종대왕의 명으로 집현전 학자들이 만든 훈민정음에 대한 한문 해설서다. 책 이름을 글자 이름인 훈민정음과 똑같이 붙였으며, 해례가 있어 '훈민정음 해례본' 또는 '훈민정음 원본'이라고 부른다.

기록할 수 있는 소리글을 만들기로 결심했다. 소리를 입이나 혀 모양으로 표시하고, 혀의 움직임에 따라 소리가 어떻게 바뀌는지 살피는 등 자녀들의 도움을 받아 10년 동안 비밀리에 글을 만들었다. 세종대왕이 이 일을 비밀로 붙인 이유는 중국과 한자만 떠받드는 신하들의 반대가 불 보듯 뻔했기 때문이다.

세종 25년(1443) 12월, 드디어 자음(소리를 낼 때 목이나 입 안에 닿아 나는 닿소리) 17자와 모음(목이나 입 어느 곳이든 방해를 받지 않고 내는 홀소리) 11자로 이뤄진 우리글의 체계가 완성됐다. 세종

대왕은 다시 글을 다듬고 한자 책을 한글로 만드는 시험 과정을 거친 뒤 1446년 9월 10일, '훈민정음'이라는 이름으로 세상에 내놓았다.

훈민정음은 '백성을 가르치는 바른 소리'라는 뜻이다.

예상대로 신하와 양반의 반발은 컸다. 그들은 오랫동안 한자를 써왔기 때문에 다른 글자는 필요 없다고 주장했다. 배우기 쉬운 훈민정음을 수준이 낮은 문자라고 비웃었다. 한자를 쓰지 않는 것은 중국을 배신하는 일이라며 목소리를 높였고, 무지한 백성이 글을 깨치면 나라에 불만만 커질 것이라고 걱정했다.

세종대왕은 백성의 어려움을 덜어주기 위해 훈민정음을 만들었다는 사실을 분명히 밝히며, 훈민정음을 반대하는 사람들을 모두 귀양 보냈다. 그 뒤 훈민정음은 백성들 사이에 퍼지고, 모든 사람이 자신의 생각과 지식을 자유롭게 글로 표현하고 나누는 새로운 세상이 열렸다.

그럼 한글에 대한 세계의 평가는 어떨까? 한글은 발음 기관의 생김새를 본떠 만든 글자로, 'ㄱ, ㄴ, ㅁ, ㅅ, ㅇ'을 기본 글자로 한다. 예를 들어 'ㄱ(기역)'은

혀뿌리가 목구멍을 막는 모양을 본떴다. 소리가 강해지면 'ㄱ'에서 'ㅋ'처럼 기본자에 획만 더하면 된다. 한글은 소리와 모양이 같은, 즉 말과 글자가 일치하는 세계에서 가장 발전된 문자인 것이다. 한글로 나타내지 못하는 소리가 없어 한글을 국제 음성 부호로 정하자는 움직임도 있다. 말은 있되 글자가 없는 민족에게 한글로 그들의 말을 쓰도록 함으로써 언어가 사라지는 것을 막자는 뜻이다. 유네스코에서는 1989년 세종대왕상을 만들어 해마다 문맹률을 낮추는 데 공을 세운 단체나 개인에게 상을 주기도 한다.

## 세종대왕과 집현전 학자들

↑ 집현전에서 학자들이 연구에 열중하는 모습을 담은 그림.

세종대왕은 어릴 적부터 손에서 책을 놓은 적이 없다. 왕이 되어서도 나라를 잘 다스리는 길을 책에서 찾으려고 노력했다.

그는 학식과 덕이 있는 사람을 찾아내는 일에도 힘썼다. 그래서 고려 때부터 있던 학문 연구 기관인 집현전에서 일할 학자들을 손수 뽑았다. 박은, 변계량, 정인지, 성삼문, 신숙주 등이 유명한 집현전 학자들이다.

집현전 학자들은 세종대왕에게 특별한 사랑을 받았다. 세종대왕은 학자들이 모두 잠자리에 들기까지 자지 않고 함께 밤을 지새웠다. 연구에 열중하다 건강을 해칠까 봐 물 맑고 공기 좋은 곳에서 쉬도록 휴가도 주었다.

집현전 학자들은 왕에게 유교 경전이나 왕의 도리 등을 강의했다. 관리를 뽑고 평가하는 일도 맡았다. 『삼강행실도』, 『농사직설』, 『팔도지리지』 등 세종 때 편찬된 많은 책들이 집현전 학자들의 작품이다.

정인지와 성삼문 등은 세종대왕이 만든 훈민정음을 알리는 데 힘썼다. 집현전 학자들은 세종대왕을 도와 조선의 학문적 기초를 세우는 데도 큰 공을 세웠다.

### 세종대왕 연표

| 연대 | 세종대왕의 업적 |
|---|---|
| 1392 | 고려가 망하고, 이성계가 조선 건국 |
| 1397 | 조선 제3대 왕 태종의 셋째 아들로 태어남 |
| 1418 | 8월 왕위에 오름 |
| 1420 | 집현전을 학문 연구 기관으로 삼음 |
| 1427 | 박연이 편경 만듦 |
| 1429 | 정초, 변효문 등이 『농사직설』을 펴냄 |
| 1433 | 장영실이 앙부일구를 만듦 |
| 1441 | 장영실이 측우기 발명 |
| 1443 | 훈민정음 창제 |
| 1446 | 훈민정음 반포 |
| 1450 | 2월 17일 54세로 세상을 떠남 |

## 생각이 쑤욱

**1** 세종대왕이 만든 훈민정음 28자가 흩어져 있어요. 현재 우리가 사용하는 자음과 모음을 골라 적고 각각 몇 자인지 세어봐요.

ㄱ, ㅓ, ㅗ, ㄷ, ㅅ, ㅍ, ㅇ, ㅈ, ㅕ, ㅊ,
ㅌ, ㆆ, ㆍ, ㅏ, ㄹ, ㅁ, ㅡ, ㄴ, ㅑ, ㅍ,
ㅂ, ㅿ, ㅛ, ㆆ, ㆁ, ㅜ, ㅋ, ㅣ

자음 ( )자

모음 ( )자

### 머리에 쏘~옥

**지금은 쓰지 않는 글자**

모음에선 'ㆍ'(아래아)가 없어졌고, 자음에서는 'ㆁ'(옛이응), 'ㆆ'(여린히읗), 'ㅿ'(반치음) 3개가 없어졌어요.

이것들은 아예 소리가 없어지거나 'ㅇ', 'ㅏ' 등 비슷한 글자로 바뀌면서 사라졌어요.

**훈민정음이 한글로 되기까지**

훈민정음은 '정음', '국문' 등으로 불리다 국어학자 주시경 선생님이 '한글'이라 부르며 한글이 알려지는 계기가 됐어요. '한'은 '하나' 또는 '큰'이라는 뜻이 있지요.

**2** 훈민정음 서문에 실린 글을 따라 쓰며 담긴 뜻도 살펴요.
☞ 흰 종이에 붓펜이나 사인펜으로 멋지게 훈민정음 서문을 써보세요.

### 해설

우리나라 말이 중국과 달라 한자와는 서로 통하지 아니하니 이런 까닭에 어리석은 백성이 말하고 싶은 것이 있어도 그 뜻을 담아 나타내지 못하는 사람이 많으니라.

내가 이것을 딱하게 여겨 새로 스물여덟 글자를 만들어 내놓으니 모든 사람으로 하여금 쉽게 깨우쳐 날로 씀에 편하게 하고자 할 따름이니라.

### 생각이 쑤욱

**3.** 세종대왕이 훈민정음을 반포한 뒤 백성의 생활은 어떻게 바뀌었을지 세 문장으로 설명해 보세요.

**4.** 세종학당과 디자이너 이상봉 씨 등은 한글을 세계에 알리는 역할을 하고 있어요. 한글을 세계에 알리면 어떤 점이 좋은지 두 가지 이상 찾아요.

↑ 국립국어원에서 운영하는 세종학당은 중국·키르기스스탄·몽골 등 6개국 18곳에서 그 나라 사람들에게 한국어와 한국 문화를 가르친다.

↑ 2006년 파리에서 열린 패션쇼에서 한글 패션 바람을 몰고 온 이상봉 디자이너의 의상. 한글의 아름다움을 잘 표현했다는 평가를 받았다.

**5.** 한글날을 기념해 학교에서 백일장이 열렸어요. 세종대왕이 한글을 창제한 과정과 결과를 바탕으로 세종대왕의 위대함을 400자로 쓰세요.

인물사 4

## 천재 과학자 장영실, 그 의문의 퇴장

부산시 동래구는 2012년까지 동래읍성 북문 광장 주변에 동래 출신 과학자 장영실(?~?)을 소재로 한 테마파크를 만든다고 해요. '장영실 과학 체험 동산'이란 이름의 이 테마파크는 측우기 등 장영실의 발명품 모형 전시관과 천문 관측 체험관 등으로 구성된다고 합니다.

장영실은 조선 세종(재위 1418~50) 때의 발명가이자 과학자였습니다. 천한 노비 출신이었지만 타고난 천재성과 끊임없는 노력으로 최고의 자리에까지 올랐지요.

그가 발명한 과학 기구들은 백성의 생활을 편하게 했고, 조선의 학문과 문화를 발전시키는 데에 큰 역할을 했어요. 조선이 세종 때 여러 분야에서 눈부신 발전을 이뤘던 것도 장영실이란 과학자가 있었기 때문입니다.

과학기술의 중요성은 예나 지금이나 변함이 없지요. 장영실의 정교한 발명품들을 살펴보며 당시 조선의 뛰어난 과학 수준을 가늠해 봐요.

⬆ 장영실의 영정

# 역사를 바꾼 장영실의 발명품들

## 조선 최초의 자동 물시계 자격루

자격루는 장영실이 1434년(세종 16년)에 만든 자동 물시계다. 물을 이용해 시각을 표시하는 물시계는 삼국 시대부터 있었다. 하지만 이전까지의 물시계는 사람이 시계 눈금을 읽고 직접 종을 쳐 시각을 알리는 수동식이었다. 자격루는 시계 스스로 종을 쳐 시각을 알려준다는 점이 획기적이다.

### 작동 원리 1

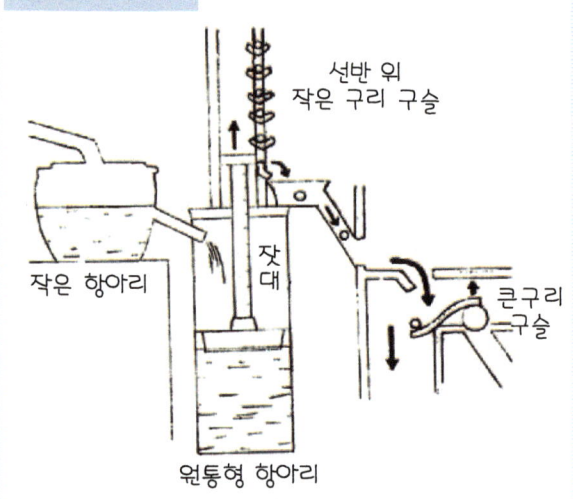

물이 큰 항아리에서 작은 항아리를 지나 원통형 항아리에 모이면 잣대가 떠오른다. 잣대가 선반을 건드려 그 위에 있던 작은 구슬이 아래로 굴러간다. 작은 구슬이 숟가락 모양의 지렛대 위에 떨어지면 떨어진 부분의 반대편이 위로 올라가며 큰 구슬이 밑으로 굴러내려간다.

### 작동 원리 2

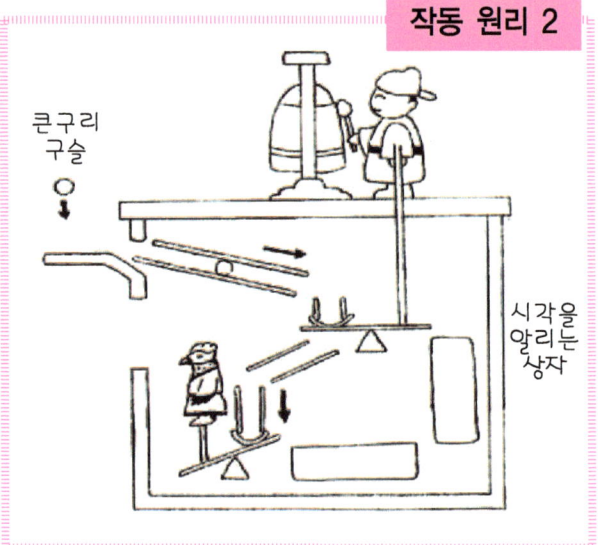

큰 구슬이 떨어지며 첫 번째 지렛대를 누르면 인형과 연결된 지렛대 반대편이 위로 올라가 종을 친다. 큰 구슬이 또 떨어져 두 번째 지렛대를 누르면 문 아래쪽에 숨어 있던 동물 인형이 위로 올라가 밖으로 얼굴을 내민다.

## 세계 최초의 측우기

1441년(세종 23년) 측우기가 세상에 나오기 전까지는 비가 오면 땅을 파 젖은 흙의 깊이를 재 내린 비의 양을 측정했다. 하지만 이런 방법으로는 비의 양을 정확히 알 수 없었다.

측우기는 빗물을 직접 받기 위해 만든 깊이 310.5mm의 원통형 그릇이다. 자를 이용해 그 안에 담긴 빗물의 높이를 쟀기 때문에 이전보다 측정이 더 정확했다. 단순한 도구 같지만 이탈리아의 카스텔리가 만든 측우기보다 약 200년이나 앞선 것이었다.

측우기는 비바람에 넘어지지 않게 하려고 '측우대'라는 돌 위에 구멍을 낸 뒤 거기에 끼워 사용했다. 3단으로 분리할 수도 있어 빗물의 높이를 더욱 편하고 정확하게 잴 수 있었다.

⬆ 측우기와 측우대. 측우기의 지름은 144.5mm인데, 빗물을 가장 효과적으로 받을 수 있는 크기였다. 빗물을 받는 윗면이 너무 넓으면 정확한 비의 양을 재기 어렵고, 반대로 너무 좁으면 바람이 불 때 빗물이 측우기 안으로 들어가기 어렵다.

## 각종 천문 관측기구와 금속활자

장영실은 어디서 무슨 쇠붙이가 나고 그 쇠붙이를 어디에 쓰면 좋은지 잘 알고 있었다. 쇠붙이를 녹여 특정 형태로 만드는 기술도 뛰어났다.

그의 이런 지식과 기술은 각종 천문 관측기구와 금속활자(책을 인쇄하기 위해 금속으로 만든 글자 도장), 무기, 악기 등을 만드는 데 결정적 역할을 했다.

간의와 혼천의 등 세종 때 만들어진 갖가지 천문 관측기구도 기구를 설계한 사람은 정인지·김돈 같은 학자들이었지만, 설계도에 따라 기구를 만든 사람은 장영실이었다. 조선의 인쇄 기술을 획기적으로 발전시킨 갑인자도 장영실의 기술로 만든 것이었다.

⬆ 1434년(갑인년)에 만든 금속활자인 갑인자. 구리에 아연을 섞어 만들어 녹이 스는 것을 막고 강도를 높였다. 구리와 아연은 녹는 온도가 서로 달라 함께 섞으려면 고도의 기술이 필요했다. 갑인자 덕에 조선의 인쇄 속도는 이전보다 두 배나 빨라졌다.

## 파격적인 신분 상승과 의문의 퇴장

↑ 2008년 7월 12일 KBS 1 TV에서 방영된 '한국사 전-대호군 장영실 그는 왜 사라졌나'의 한 장면.

장영실은 노비 신분이었지만 뛰어난 상상력과 정교한 손재주를 가지고 있었다. 이런 그의 능력을 누구보다 정확히 꿰뚫어 본 사람은 세종이었다. 세종은 장영실이 재주를 충분히 발휘할 수 있도록 그를 종3품인 대호군의 자리에까지 올려줬다. 당시로서는 파격적인 대우였다.

그러던 1442년 3월, 세종의 가마가 부서지는 사고가 일어났다. 이 가마 제작을 감독한 이가 바로 장영실이었다. 이 사건으로 장영실은 곤장을 맞은 뒤 쫓겨났고, 이후 역사 속에서 자취를 감췄다.

너무 갑작스러운 퇴장이었기에 의문점들이 남는다. 무엇보다 복잡한 과학적 발명품들을 수없이 만든 장영실이 가마 하나를 제대로 못 만들어 부서지게 했을까 하는 점이다.

이에 대해 장영실의 엄청난 신분 상승을 못마땅하게 여긴 주변인들이 그를 내치기 위해 일부러 가마에 문제를 일으켰다는 추측이 있다.

하지만 장영실을 끔찍하게 아꼈던 세종이 왜 그를 지켜주지 않았을까? 이상한 점은 장영실이 쫓겨난 이듬해 세종이 천문 관측기구인 간의대를 헐고 그 자리에 궁을 지으려 했다는 점이다. 가마 사건을 전후해 명나라 사신들의 조선 출입이 유독 잦았다는 것도 이상하다.

이를 두고 일부 학자들은 장영실의 퇴장에 중국의 힘이 작용했다고 주장한다. 당시 중국은 오직 자신들만이 천문 관측을 할 수 있다고 여겼는데, 작은 나라 조선이 이에 도전해 오는 것이 두려워 조선에 장영실을 내치라는 압력을 가했다는 것이다.

## 생각이 쑤욱

**1** 자격루 이전에 있었던 수동 물시계에는 어떤 단점이 있었을까요?

**2** 장영실이 만든 기구들은 당시 백성의 생활을 어떻게 바꿨을지 추측해요.

| 기구 | 백성의 생활은 어떻게 바뀌었을까? |
|---|---|
| 자격루 |  |
| 측우기 |  |
| 갑인자 |  |

**3** 세종대왕이 장영실에게 벼슬을 내리려 하자 신하들의 반대가 심했다고 합니다. 당시 조선 사회의 모습을 바탕으로 그 이유를 설명해요.

 생각이 쑤욱

**4** 장영실이 조선 최고의 과학자 가운데 한 명으로 성공할 수 있었던 세 가지 요인을 생각해 봐요.

장영실에겐 남들한테 없는 _____ 이(가) 있었다.

_____

_____

**5** 장영실이 역사 속에서 갑자기 자취를 감춘 진짜 이유는 뭐라고 생각하나요?

**6** 카이스트(KAIST)에 세워진 장영실 동상입니다. 장영실이 카이스트 과학도들에게 어떤 말을 전하고 싶을지 추측해 400자로 작성해요.

☞KAIST(Korea Advanced Institute of Science and Technology)는 우리나라 정부가 과학기술 분야의 인재를 양성하기 위해 1971년 대전에 설립한 특수 대학입니다.

인물사 5

# 5만 원짜리 지폐 모델 신사임당은 슈퍼우먼?

5만 원 권 지폐가 세상에 나왔습니다. 새로 발행된 지폐에는 조선 시대의 유명한 현모양처(어진 어머니이면서 착한 아내) 신사임당(1504~51)이 그려져 있습니다.

아들 이이(1536~84)의 초상이 이미 5000원 권 지폐에 들어가 있는데, 그 어머니도 우리나라 여성 최초로 화폐 모델이 된 것이지요.

신사임당은 조선 중기 때의 여성입니다. 원래 이름은 '인선'이고, '사임당(師任堂)'은 호입니다. 옛날 중국의 '태임'이라는 여성을 본받기 위해 스승 '사(師)' 자에 태임의 '임(任)' 자를 따 직접 지었다고 해요. 태임은 중국 주나라를 세운 문왕의 어머니였는데, 엄격함과 자비로움으로 아들을 훌륭하게 키워낸 여성으로 유명합니다.

그의 호에서 알 수 있듯 사임당은 훌륭한 어머니가 되는 것을 중요하게 생각했습니다. 실제로 사임당은 자녀에게 지혜로운 어머니였고 남편에겐 어진 아내였으며 부모에겐 지극한 효녀였습니다.

하지만 신사임당은 누구의 어머니, 아내이기 전에 그림과 서예, 시에 천재적 재능을 가진 예술가이기도 했습니다. 여

⬆ 5만 원 권 지폐에 들어갈 신사임당의 초상. 화가 이종상의 작품이다.

성이 독립적으로 살기가 어려웠던 당시에도, 타고난 재능을 성실하게 갈고 닦아 자신만의 독특한 예술 세계를 이뤘지요.

현모양처로서의 사임당과 예술가로서의 사임당의 모습을 살펴보고, 오늘날 우리가 배워야 할 점을 생각해 봐요.

# 현모양처 신사임당

↑ 신사임당의 맏딸 매창이 그린 매화도(유형문화재 12호).

신사임당은 남편 이원수와의 사이에 4남 3녀의 자녀를 뒀다. 그 중 세상에 알려진 자식은 셋째 아들 이이지만 다른 자녀도 뛰어났다.

특히 큰딸 매창은 '작은 사임당'이라고 불릴 정도로 어머니를 빼닮아 그림 솜씨가 탁월했고 학문과 지혜도 뛰어났다. 동생 이이가 의심나는 일이 있으면 이 누이에게 의논할 정도였다.

막내 우도 26세에 과거에 급제할 만큼 총명했으며, 거문고와 서예 솜씨도 빼어났다. 이이도 평소 "아우 우가 학문을 했다면, 내가 따르지 못했을 것."이라며 그를 칭찬했다.

자녀들이 이렇듯 훌륭하게 자랄 수 있었던 이유는 사임당의 각별한 교육이 바탕이 되었기 때문이다. 그는 자녀들에게 억지로 공부를 시키지 않았다. 그보다는 어머니인 자신이 학문과 예술을 소중히 여기고 늘 반듯한 몸가짐을 가지려 노력함으로써 자녀들이 자연스럽게 보고 배우도록 했다. 아이들의 글씨나 그림이 서툴러도 직접 붓을 들고 고쳐 주는 대신 스스로 익히도록 인내심을 가지고 지켜봤다.

사임당은 남편에게도 군자의 도리를 다하도록 충고해주는 현명한 아내였다. 남편 이원수가 당시 영의정이었던 이기에게 잘 보이려고 그의 집에 자주 드나들자 사임당은 눈앞의 권력을 좇다간 화를 당한다며 그와 가까이 지내지 말라고 했다. 과연 권력만 믿고 나쁜 짓을 일삼던 이기는 얼마 뒤 조정에서 쫓겨났고, 그를 따르던 무리도 벌을 받게 됐다. 이원수는 부인 덕에 화를 면할 수 있었던 것이다.

↑ 신사임당이 살던 오죽헌. 오른쪽 방이 율곡 이이가 태어난 곳이다.

## 예술가 신사임당

사임당은 정식으로 그림 교육을 받은 적이 없었지만 사물을 관찰하고 실제와 똑같이 표현하는 능력이 뛰어났다. 특히 사임당은 작고 흔해 사람들이 하찮게 여기는 생물들에게 애정을 보였다. 사임당의 그림에 풀과 벌레, 꽃과 나비 등이 많이 등장하는 것은 이 때문이다. 이런 그림들은 '초충도'라는 이름으로 오늘날까지 전해오고 있다.

사임당은 그림뿐 아니라 서예와 시에도 능했다. 사임당의 글씨에는 품위가 어려 있으며, 시에는 고향의 어머니를 그리워하는 애절한 마음이 잘 녹아 있다.

🔼 사임당의 초충도. 중앙에 가지나 수박과 같은 식물을 그리고, 주변에 온갖 곤충을 그렸다. 섬세한 붓놀림과 은은하고 산뜻한 색깔이 여성스러우면서도 한국적이다. 그림 속 벌레를 진짜 벌레로 알고 닭이 쪼았다는 말이 전해질 정도로 사실적이다.

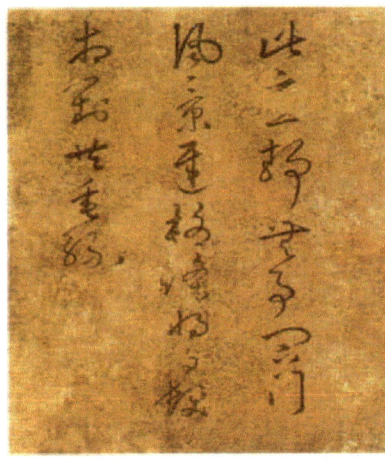 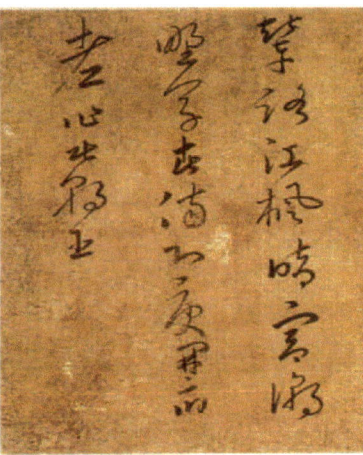

**대관령 넘으며 친정을 바라보다**

늙으신 어머님을 고향에 두고

외로이 한성으로 떠나는 이 마음

돌아보니 북평은 아득도 한데

흰 구름만 저문 산을 날아다니네.

🔼 사임당의 글씨. 붓을 빠르게 놀리며 각 획을 연결해 썼다. 1868년 강릉 부사로 부임받은 윤종의는 이 글씨를 보고 "글자의 획이 그윽하면서도 고상하다."며 감탄했다.

🔼 사임당의 시. 고향(강릉)에 친정어머니를 두고 시댁인 한성(서울)으로 올라갈 때 지었다.

## 시대를 앞서간 여성 신사임당

⬆ 사임당의 초상이 들어간 새 5만 원 권 지폐의 앞면.

'신사임당은 오늘날에도 위인인가?'

자식을 위해 자신을 희생하고 묵묵히 남편을 따르는 것이 여성의 도리라고 생각했던 조선 시대에는 신사임당이 위인이었을지 몰라도, 여성도 독립적인 삶을 사는 오늘날엔 그렇지 않다는 주장이 있다.

그러나 사임당이 '현명한 어머니'였던 것은 자식을 위해 자신을 무조건 희생해서가 아니라 여성의 몸으로도 자기 발전을 위해 노력함으로써 자식들에게 본보기가 됐기 때문이다. 또 그가 '훌륭한 아내'였던 것은 남편을 잘 따라서가 아니라 그의 부족함을 채우며 옳은 길로 이끌었기 때문이다.

게다가 신사임당은 결혼 뒤에도 19년이나 친정에 남아 부모를 모셨고, 남편이 여러 부인을 두는 것에 반대했다. 사람들이 생각하는 것처럼 유교적 전통을 충실히 따르는 여성이 아니었던 것이다.

그의 독립심과 적극성은 그림을 통해서도 알 수 있다. 어릴 때 다른 화가의 그림을 따라 그리며 그림 공부를 했던 사임당은 당시 조선의 그림들이 중국 것을 본떠 그린 것이라는 데 반발했다. 그래서 사임당은 자신이 직접 보고 느낀 것을 화폭에 담았고 이를 통해 '초충도'라는 새로운 미술 장르를 열었다.

어머니와 아내로서, 예술가로서 신사임당은 시대의 흐름을 따라가기만 한 것이 아니었다. 오히려 자신이 옳다고 생각한 것을 행동으로 옮기며 시대를 앞서간 여성이었다.

 오늘날 진정한 현모양처가 되려는 어머니들이 신사임당에게 배워야 할 덕목을 세 가지만 생각해요.

 아래 그림은 신사임당의 초충도 가운데 하나인 '수박과 들쥐'입니다. 그림 속 장면의 바로 앞과 뒤에는 어떤 일이 있었을까요? 앞과 뒤 장면을 상상해 그려요.

생 각 이 쑤 욱

  신사임당이 요즘 태어났다면 어떤 모습으로 살까요? 현재 나이가 40세인 사임당의 모습을 생각해 봐요.

  5만 원 권 지폐에 들어간 신사임당의 초상을 두고 다음과 같은 논란이 있었습니다. 이 논란에 대한 자신의 생각을 1분 동안 말해요.

   5만 원 권에 들어간 신사임당의 초상(오른쪽)을 두고 나라에서 정한 표준 영정(왼쪽)에 맞게 고쳐야 한다는 의견과 화가의 표현을 존중해야 한다는 의견이 맞섰다.

   한쪽에선 "화폐 속 초상은 주막집 주모 같다."며 한국 어머니의 차분함이 느껴지는 표준 영정과 똑같이 고쳐야 한다고 주장했다.

   다른 한쪽에선 "화폐 속 인물은 이종상 화백이 역사적 고증을 거쳐 개방적인 신여성 이미지로 그린 것"이라며 "설사 이 초상이 주막집 주모 같다고 해도 주모 역시 우리의 어머니 모습."이라고 주장했다.

◆표준 영정 : 나라에서 정한 위인의 초상. 위인의 모습이 이 사람 저 사람에게 아무렇게나 표현되는 것을 막으려고 정한 것이다.

  신사임당이 예나 지금이나 우리가 본받아야 할 위인인 까닭을 400자로 밝혀보세요.

인물사 6

## 백성의 주치의 허준과 동의보감

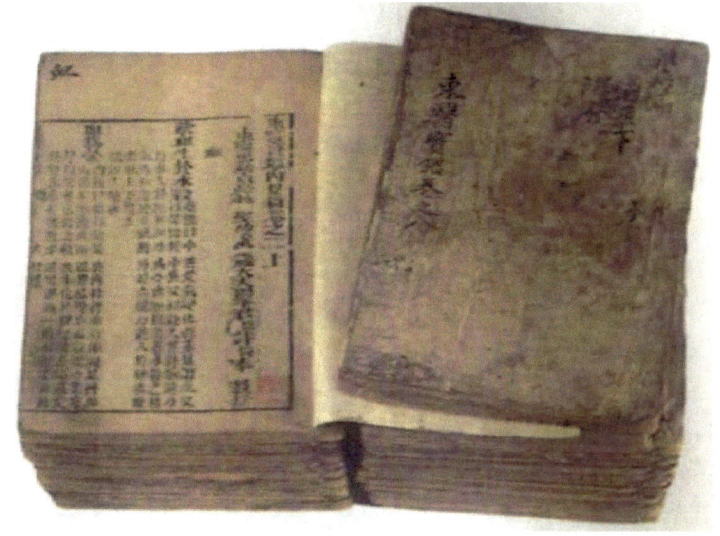

○ 허준의 초상화(왼쪽 사진)와 그의 저서 『동의보감』(오른쪽 사진).

'배를 자주 쓰다듬어주면 배앓이를 하지 않아', '머리카락을 자주 빗으면 기가 잘 돌아', '침을 자주 삼키면 소화가 잘 돼…….'

우리나라의 대표적인 의학서인 『동의보감』(보물 1085호)에 적힌 방법들입니다. 오늘날에도 한방에서 중요하게 쓰이는 『동의보감』은 병의 증상과 치료법을 적은 조선 시대 의서입니다. 우리 땅에서 나는 약재를 이용해 병을 치료하는 방법을 자세히 적어놨지요. 그래서 비싼 약을 살 수 없는 가난한 백성도 병을 치료할 수 있었답니다.

이처럼 훌륭한 의서를 만든 주인공은 허준입니다. 질병에 걸려 고통을 받는 사람들을 구하기 위해 평생을 바친 명의지요. 그는 의원으로서 사명감이 투철했으며, 신분의 벽이 높은 조선 시대에 이를 비관하지 않고 최선을 다해 노력했어요.

허준은 병을 고치는 일도 중요하지만, 병에 걸리지 않게 예방하는 일이 더욱 중요하며, 그러기 위해서는 몸과 마음을 잘 다스려야 한다고 말합니다. 수많은 의학서들을 읽고 정리하는 끈기 있고 성실한 작업을 통해 우리 실정에 맞는 의학서 『동의보감』을 탄생시킨 허준의 일생을 살펴봐요.

## 우리 의술 개발해 가난한 백성 치료…… 참된 의술의 길 밝혀

허준은 1539년 김포 양천 허씨 가문의 서자(본부인이 아닌 딴 여자가 낳은 아들)로 태어났다. 허준이 서른 살이 되기까지 어떤 일을 했는지는 정확히 알려지지 않았다.

어려서 총명했지만 서자라는 이유로 관직에 오를 수 없었던 허준은 자기 한 몸 출세하기보다는 의술을 배워 사람들의 병을 고치는 데 평생을 바치기로 결심했다.

그는 다양한 의서와 기술을 접하기 위해 내의원(조선 시대 궁중의 의약을 맡아보던 관아)에 들어가기로 작정했다. 내의원에 들어가려면 나라에서 치르는 의과 시험에 합격해야 했다. 그러나 의과 시험은 자주 보지도 않고, 그나마 뽑는 의원 수도 적었다.

허준은 의과 시험을 치르기로 결심하고 길을 떠났다. 시험장으로 가던 중에도 병든 사람들을 뿌리치지 못하고 치료해 주었다. 한번은 주막에 찾아온 소녀의 부탁으로 시험장과 반대 방향인 곳으로 달려가 소녀의 아버지를 치료해 주었다. 허준이 무료로 가난한 백성을 치료한

다는 소문이 돌자, 아픈 사람들이 몰려드는 바람에 결국 의과 시험을 치르지 못하고 말았다.

허준은 몇 해 뒤 당시 높은 관직에 있던 유희춘(1513~77)의 추천으로 내의원 의관이 되었다. 그는 뛰어난 의원들을 곁에서 지켜보며 의술을 차근차근 배웠다. 또 시간이 날 때마다 수많은 의서를 읽었다. 내의원과 혜민서(조선 시대 서민을 치료하던 관청)를 오가며 백성들을 치료한 결과도 빠짐없이 기록했다.

조선 제14대 왕 선조 (재위 1567~1608)는 이런 허준을 눈여겨보고, 종전의 의서를 비교·정리해 새로운 의서를 만들어보라고 주문했다. 그는 어려운 중국 의서를 쉽게 정리하고 잘못된 부분은 고쳐가며 다양한 의서 편찬에 힘썼다.

1592년 일본이 조선을 쳐들어오자 허준은 선조와 함께 피란길에 올라 선조를 극진하게 보살폈다. 임진왜란이 끝난 뒤 선조는 허준에게 정1품 숭록대부라는 높은 벼슬을 내렸다.

그러나 대신들의 반대 상소가 빗발쳐 얼

마 뒤 허준에게 내린 벼슬을 거둬야 했다.

허준은 이에 실망하지 않고 자신이 아는 모든 지식과 경험을 바탕으로 『동의보감』을 쓰기 시작했다. 그 와중에 선조가 병으로 승하하자 허준은 그 책임을 지고 귀양을 떠났다.

어릴 적 허준의 도움으로 목숨을 구한 광해군은 허준을 귀양 보내기 싫었지만, 대신들의 말을 물리칠 수 없었다. 그는 귀양지에서 오늘날까지 '동양 의학의 보배'로 불리는 『동의보감』을 완성했다.

『동의보감』을 읽은 의학자들은 놀라움을 감추지 못했다. 중국 의술이 아닌 우리 의술을 중심에 두고 책을 썼기 때문이었다.

허준은 1615년 77세가 되던 해 눈을 감

았다. 그는 실력이 뛰어난 의원이며, 병을 연구한 의학자였다. 또 백성을 질병의 고통에서 구하기 위해 자신의 몸을 아끼지 않았다.

병든 백성을 위해 평생을 바친 허준은 『동의보감』과 함께 지금도 참된 의술의 길을 밝히는 등불이 되고 있다.

## 연표

| 연대 | 허준의 생애 | 역사적 주요 사건 |
|------|------------|----------------|
| 1539년 | 양천 허씨 가문의 서자로 태어남 | |
| 1574년 | 내의원 의관이 됨 | |
| 1592년 | 임진왜란 당시 어의로 선조를 보필해 의주로 피란 | 임진왜란 |
| 1596년 | 선조의 명을 받고 의학서 『의방신서』를 쓰기 시작 | |
| 1606년 | 선조의 병을 치료한 공으로 정1품 벼슬을 받았으나 대신들의 반대로 취소 | |
| 1609년 | 선조가 승하한 뒤 의주로 유배됨. 유배지에서 『동의보감』 집필에 전념 | 광해군 즉위 |
| 1610년 | 귀양에서 풀려난 뒤 『동의보감』을 완성 | |
| 1615년 | 세상을 떠남. 정1품 벼슬을 받음 | |

## 임진왜란

▲ 일본이 부산성을 공격하는 모습.

1592년(선조25)에서 1598년(선조31)까지 두 차례에 걸쳐 일본이 조선을 쳐들어온 전쟁이다.

임진년에 일어났다고 해 임진왜란으로 불린다. 정유년에 다시 쳐들어온 것을 정유재란이라고 한다.

일본은 도요토미 히데요시가 전국을 통일하고 대륙을 침략하려는 계획을 세웠다. 그리고 1592년 4월 15만 대군을 일으켜 조선을 쳐들어왔다. 5월에는 한양, 6월에는 평양이 일본군에 넘어갔다.

그러나 바다에서는 전라 좌수사 이순신이 거북선을 앞세워 일본 수군을 크게 무찔렀고, 각지에서 의병이 일어나 일본군에게 맞서 싸웠다.

일본은 전세가 기울자 회담을 진행하며 잠시 전투를 멈췄지만, 회담이 깨지자 다시 쳐들어오니 이것이 1597년의 정유재란이다.

우리나라는 명나라와 힘을 합쳐 일본을 공격했고, 이순신은 명량과 노량에서 도망가는 일본 수군을 무찌른 뒤 전사했다.

7년 동안 전쟁을 치른 조선은 큰 혼란에 빠졌다. 일본은 조선에서 데려간 도자기 기술자 덕에 도자기 산업이 발전했다. 명나라는 국력을 소모해 청나라에게 나라를 넘겨주게 되었다.

### 생각이 쑤욱

 허준이 의원이 되기로 결심한 이유를 조선의 시대적 배경과 연결해 세 문장으로 설명해요.

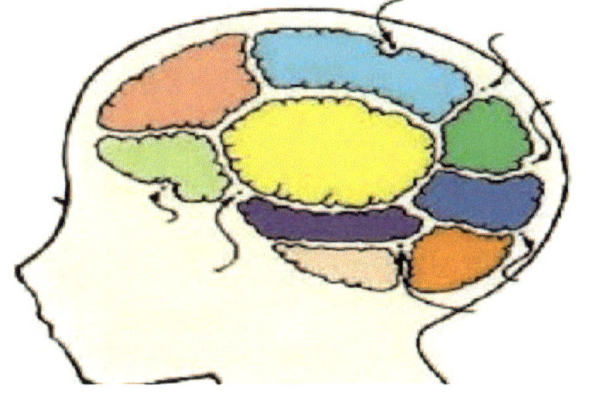

내의원이 된 허준의 머리에는 어떤 생각들로 가득할까요? 뇌 구조 그림에 허준의 생각을 정리해요.

 허준에게 큰 영향을 준 사건을 중심으로 인생 곡선을 그리고, 가장 행복했을 때와 힘들었을 때는 언제였을지 추측해요.

| 사람의 병을 고치는 의원이 되기로 결심했다. | 병든 사람을 돌보느라 의과 시험을 보지 못했다. | 내의원에 들어가 차근차근 의술을 배웠다. | 선조를 잘 보필했으나 대신들의 반대로 벼슬이 취소됐다. | 선조가 승하하자 귀양을 갔다. | 귀양살이를 하며 『동의보감』을 완성했다. |

## 생각이 쑤욱

※ 다음 기사를 읽고 물음에 답하세요.

2008년 4월 18일 요셉의원 선우경식 원장(사진)이 63세의 나이로 조용히 숨을 거뒀다. 그는 노숙자와 장애인 등 가난하고 소외된 사람들을 치료하며 평생을 보냈다.

3년 전 말기 암 진단을 받고 뇌출혈로 쓰러지기 전날까지 환자 곁에 머무르던 그는 "환자는 내게 선물이었다."라는 유언을 남겼다.

고 선우경식 원장은 1983년 진료 봉사단에 참가해 크고 작은 병을 앓으면서도 치료 한번 제대로 받지 못하는 사람들을 보고 대형 병원의 내과 과장을 그만두고 관악구 신림시장에 요셉의원을 열었다.

1997년에는 영등포로 병원을 옮겼는데, 병원에서는 치료를 받으러 오는 사람들을 위해 항상 빵과 우유를 준비했다. 진료 과목은 내과부터 치과, 산부인과, 한방 진료에 이르기까지 종합병원을 보는 듯했다. 그는 요셉의원을 세운 뒤 여러 기관에서 주는 상도 마다한 채 21년 동안 결혼도 하지 않고 묵묵히 사람들을 치료했다.

보건복지가족부는 12일 고 선우경식 원장의 봉사 활동과 사회 발전에 기여한 공로를 평가해 유족에게 훈장을 전달했다.

한겨레 2008년 6월 12일 기사 등 참조

 허준과 선우경식 원장의 공통점과 차이점을 벤 다이어그램에 적어보세요.

허준     선우경식 원장

 허준과 선우경식 원장의 삶을 통해 의사가 환자를 대하는 바람직한 태도를 400자로 제시해요.

인물사 7

# 박문수는 왜 '암행어사의 전설'이 되었나

2007년 9월, 제주도는 태풍 나리가 닥쳐 큰 피해를 당했어요. 하지만 제주도 공무원들이 태풍 피해 복구 기금 가운데 수천만 원을 가로챈 것으로 드러나 충격을 줬지요.

벼농사를 짓는 농민을 위해 만든 쌀 직불금도 농사를 짓지 않는 공무원들이 무더기로 신청해 농민을 화나게 만든 적도 있었어요.

이렇게 정부와 국민을 위해 일해야 할 공무원이 각종 비리 사건에 연루되는 것은 요즘 일만은 아닙니다. 예부터 관리의 부정부패는 나라의 큰 골칫거리 가운데 하나였어요.

조선 시대에 탐관오리(백성의 재물을 탐내 빼앗는 행실이 나쁜 관리)를 벌하고 곤경에 빠진 백성을 구해 전국 방방곡곡에 이름을 떨친 인물이 있어요. 바로 암행어사 박문수(1691~1756)지요.

암행어사는 임금의 명에 따라 신분을 숨긴 채 여러 곳을 돌아다니며 지방 관리들을 감독한 사람을 말해요. 조선 시대에만 있던 독특한 제도지요. 1550년부터 1892년까지 600명이 넘는 암행어사가 활동했는데, 우리가 잘 아는 이황,

⬆ 조선 시대 암행어사의 신분증과 도장으로 사용된 마패. 마패에 그려진 말의 수만큼 말을 이용할 수 있다.

정약용, 김정희도 암행어사였답니다.

박문수를 통해 조상의 지혜가 담긴 암행어사 제도를 살펴보고, 힘없는 백성을 자신의 몸처럼 돌본 그의 마음도 헤아려요.

## 암행어사 경력 두 차례에 기간도 2년 안 돼

박문수는 지체 높은 양반 집안에서 태어났다. 그러나 여섯 살 때 할아버지가, 여덟 살 때 아버지마저 돌아가시자 어머니가 바느질을 하며 어렵게 박문수를 길렀다. 박문수는 서른세 살에야 과거에 급제해 3년 뒤 암행어사로 임명됐다.

박문수가 워낙 암행어사로 유명하다 보니 벼슬살이를 대부분 암행어사로 보냈을 것이라 생각하기 쉽다. 하지만 『조선왕조실록』에는 박문수가 영조 3년(1727)과 7년(1731) 두 번에 걸쳐 경상도와 충청도에서 암행어사로 활동했다는 기록만 있다. 활동 기간도 2년이 채 되지 않는다.

이런 박문수가 조선 시대 암행어사의 전설이 된 까닭은 누구보다도 백성의 어려운 점을 잘 파악하고 이를 개선하려고 노력해 백성의 존경을 한 몸에 받았기 때문이다. 그는 양반의 체면은 중하게 생각하지 않았다. 재물에도 욕심이 없었다. 성품이 강직해 임금 앞에서도 바른 말을 서슴지 않았다.

훗날 박문수가 반대파의 음모로 고문을 당한 뒤 66세의 나이로 죽자, 영조는 그의 죽음을 안타까워하며 지금의 국무총리와 같은 영의정 벼슬을 내렸다. 그리고

🔼 38세가 되던 해에 그린 박문수 영정.

"나의 마음을 아는 사람은 박문수며, 박문수의 마음을 아는 사람은 나다."라는 말을 남겼다.

# 박문수를 통해 본 조선 시대 암행어사

암행어사는 정해진 시간이나 날짜 없이 필요한 때마다 임명되었다. 한밤중에 임금의 부름을 받는 경우도 있었다. 자신의 신분을 숨겨야 했기 때문에 암행어사로 임명돼 해당 지역에서 활동하기까지 모든 과정이 은밀하게 진행됐다.

임금은 암행을 나갈 지역을 제비로 뽑아 암행어사에게 알려주었다. 이런 뽑기 방식을 추생이라 불렀다.

임금이 암행어사가 할 일을 적은 봉서를 주면 성문 밖까지 나간 뒤에야 봉서를 열어볼 수 있었다.

봉서를 확인한 암행어사는 집에도 들르지 못한 채 채비를 꾸려 변장한 수행원과 함께 길을 떠났다.

## 암행어사는 어떤 일을 했을까

지방 관리가 일을 제대로 하는지 몰래 살폈다. 주막은 그 지역의 상황을 가장 쉽게 알 수 있는 장소다.

지역의 저수지나 둑 상태를 살피고 성곽이 튼튼한지, 방어는 제대로 하는지도 꼼꼼하게 둘러보았다.

지방 관리가 잘못을 저질렀거나 조사할 사건이 있으면 역졸들과 함께 관아로 출두해 죄지은 사람들을 벌줬다.

유척이라는 자로 형틀이나 쌀을 담는 됫박의 크기가 규격에 맞는지 검사했다. 이는 심한 형벌을 막고, 세금을 제대로 걷기 위함이다.

백성의 생활에 어려움은 없는지 살피고, 원하는 바를 들어주었다. 바로 해결할 수 없는 일은 임금에게 보고해 해결 방법을 찾았다.

활동을 마친 뒤 그 지역 관리의 잘못이나 잘한 일, 백성의 어려움, 미담이나 열녀, 효자 이야기 등을 쓴 보고서를 임금에게 올렸다.

## 힘없는 백성을 아끼고 사랑한 박문수

### 수해 난 곳에 미리 곡식을 보내다

박문수가 경상도 절도사(각 도를 관리하던 관리)로 있을 때였다. 어느 날 집과 가재도구가 바닷가로 떠 내려오자 그는 북쪽에서 홍수가 난 것을 알아채고, 조정의 허락 없이 경상도에 있던 곡식 3000석을 함흥으로 보냈다.

함경감사는 큰 수해를 당했으니 경상도 곡식으로 구제해 달라는 글을 조정에 올린 지 얼마 되지 않았는데 곡식이 도착해 깜짝 놀랐다. 보통 이런 일은 한 달이 넘게 걸리는 큰일이기 때문이었다.

▲ **문수당** 경북 영양의 울련산에 있는 성황당으로, 박문수를 신으로 모시고 있다. 박문수가 영양에 들렀을 때 민원을 잘 해결해 그 공적을 기려 지었다고 한다.

### 양반에게 세금을 걷자고 주장하다

박문수는 백성들이 노역(관아에서 시키는 일을 하는 것)에 시달리고 군역(군대에 가는 대신 세금을 내는 것)과 토지세까지 내는 것을 안타까워했다.

그는 대신들의 녹봉(나라에서 관리에게 내리던 금품)을 줄여 백성에게 나눠줘야 한다고 주장했다. 나아가 양반도 군역의 책임을 져야 한다고 영조를 설득했다. 영조는 고심 끝에 군역으로 내던 베를 2필에서 1필로 줄이고, 부족한 세금은 왕실이나 양반에게 돌아가던 세금으로 보충했다.

▲ **박문수 소나무** 충남 괴산군에 있는 소나무로, 암행어사 박문수가 마역봉에 오르기 전에 잠시 쉬었다고 전해진다.

### 백성을 먹여 살릴 소금을 만들다

박문수는 값비싼 소금을 만들면 백성을 잘 먹여 살릴 수 있을 것이라 생각해 소금을 생산하기도 했다. 요즘은 염전에 가둔 바닷물을 햇볕에 말려 소금을 얻지만, 조선 시대에는 바닷물을 가마솥에 넣고 10시간 이상 끓여 소금을 만들었다. 땔감으로 쓸 나무도 구하기 어려워 소금은 아무나 만들 수 없었다.

조정 대신들은 박문수를 소금 장수라고 놀렸지만, 그는 여섯 달 만에 소금 3만 6000석을 만드는 기적을 이뤘다.

▲ **충헌공 박문수의 묘** 충남 천안시에 있다. 박문수가 죽은 뒤, 영조가 충성스럽고 곧은 사람이라는 뜻에서 충헌공이란 시호를 내렸다.

## 생각이 쑤욱

**1.** 박문수가 암행어사를 지낸 기간은 짧았지만 그의 활약상은 전국에 걸쳐 수백 개 이야기로 전해지고 있어요. 박문수가 조선 시대에 가장 유명한 암행어사가 된 까닭은 무엇일까요?

☞박문수의 이야기는 문헌에 실린 경우보다 사람들의 입에서 입으로 전해진 이야기가 많습니다.

### 머리에 쏘~옥

**암행어사가 되려면**

암행어사는 과거 시험에 합격한 사람 가운데서 뽑았어요. 관직 경험도 있어야 했고, 오랫동안 지방을 돌아다녀야 하기 때문에 체력도 좋아야 했지요.

**멀고도 험한 암행어사의 길**

암행어사는 여비를 받기도 했지만 금액이 턱없이 부족했고, 여비를 아예 받지 못하는 경우도 많았어요.

산을 오르다 도적을 만나거나 짐승의 공격을 받기도 했지요. 병에 걸려 죽기도 했어요.

지방 관리들이 암행어사의 활동을 방해하거나 가짜 암행어사로 몰려 죽음을 당하기도 했답니다.

**2.** 암행어사 제도는 임금과 지방 관리, 백성에게 어떤 영향을 미쳤을까요?

| 임금 | 지방 관리 | 백성 |
|---|---|---|
|  |  |  |

**3.** 암행어사가 임금의 명령에 따라 길을 떠나려고 해요. 어떤 물건들이 필요할지 봇짐을 꾸려 주세요.

☞필요한 물건을 단어와 그림으로 다양하게 꾸며요.

## 생각이 쑤욱

**4** 박문수의 시호를 요즘에 맞게 짓고 그 의미를 설명해요.
☞ 시호란 재상 등 높은 사람이 죽은 뒤 그 사람의 공을 기리기 위해 붙이는 이름을 말해요.

**5** 내가 1일 암행어사가 된다면 무엇을 하고 싶은지 1분 동안 발표해요.

**6** 우리 학급에서 암행어사 제도를 실시하려고 해요. 어떤 방법으로 암행어사를 뽑고 운영하면 좋을지 400자로 제안해요.

### 머리에 쏘~옥

**시대에 따른 감찰 제도**

**삼국 시대**
신라에 사정부라는 감찰 기관이 있었어요. 태종 무열왕 때 설치됐지요.

**고려 시대**
고려 초부터 사헌대라는 기구가 있었는데, 어사대로 바뀌었다가 나중에 사헌부가 됐어요.

**조선 시대**
고려 시대 제도를 이어받아 사헌부를 뒀어요. 지방은 관찰사가 자기가 맡은 지역의 수령을 감찰했어요.
명종 5년(1550)부터 임금이 직접 어사를 파견하면서 조선의 독특한 암행어사 제도가 시작됐어요.

**현재**
감사원에서는 1년 동안 나라 살림이 계획대로 이뤄졌는지 감시해요. 정부 기관에서 돈이나 물품을 제대로 썼는지, 공무원이 맡은 일을 바르게 처리하는지도 살펴요.

인물사 8

# 천재 화가 김홍도, 조선을 한 폭 그림에 담다

🔼 위부터 아래로 단원풍속도첩에 담긴 김홍도의 대표작 '춤추는 아이', '우물가', '고누놀이'. 오른쪽 사진은 김홍도를 주인공으로 한 TV 드라마의 한 장면.

조선시대 화가 김홍도(1745~1810?)와 신윤복을 다룬 소설 『바람의 화원』이 드라마로 방영되며 김홍도가 새롭게 주목받았어요.

김홍도는 조선 시대 후반을 이끈 천재 화가예요. 일찍이 도화서(그림에 관한 일을 맡아보던 관아)의 화원으로 일한 김홍도는 스물아홉이 되던 1773년에는 조선 제21대 왕 영조(1694~1776)의 어진(임금의 얼굴)을 그리는 데 참여할 만큼 실력이 뛰어났어요.

하지만 김홍도를 높이 평가하는 이유는 그림 실력뿐만 아니라 당시 다른 화가들은 별로 관심을 기울이지 않았던 서민의 생활 모습을 생생하게 그림에 담았기 때문입니다.

김홍도의 풍속화를 통해 200여 년 전 우리 조상의 삶을 살펴보고, 그의 작품에 녹아 있는 우리 문화에 대한 자부심도 느껴보세요.

# 단원풍속도첩에 담긴 1700년대 조선의 생활 모습

한 시대 사람들의 생활 모습을 그린 그림을 풍속화라고 해요. 풍속화는 김홍도 이전에도 있었지만 김홍도에 이르러 더욱 발전했지요.

김홍도는 뛰어난 관찰력과 묘사력을 발휘해 마치 눈앞에 벌어지는 일처럼 그림을 실감나게 그렸어요. 특히 단원풍속도첩에 담긴 25점의 작품에는 양반부터 서민에 이르기까지 모든 계층 사람들의 생활 모습이 잘 나타나 있어요.

**단원풍속도첩**

① 서당 서당에서 공부하는 학생들
② 논갈이 소를 이용해 논을 가는 모습
③ 활쏘기 활쏘기를 배우는 남자들
④ 씨름 씨름을 구경하는 사람들
⑤ 행상 짐을 지고 물건을 팔러 가는 남녀
⑥ 춤추는 아이 가락에 맞춰 춤추는 아이
⑦ 기와 이기 지붕에 기와를 올리는 모습
⑧ 대장간 대장간에서 쇠를 다루는 모습
⑨ 노상파안 길에서 만난 남녀가 서로 웃는 모습
⑩ 점괘 길에서 점을 치는 스님들
⑪ 나룻배 사람과 동물을 가득 실은 배
⑫ 주막 사람들이 주막에서 술과 음식을 먹는 모습

김홍도가 활동한 시대는 영조와 정조(조선 제22대 왕 · 1752~1800) 두 임금이 나라를 잘 다스려 아주 평화로운 시기였어요. 그래서 다양한 문화가 발전할 수 있었죠. 그림도 중국식 산수화나 인물화에서 벗어나 우리나라 풍경을 직접 관찰해 그리는 기풍이 유행했어요.

　　김홍도는 이런 시대적 장점을 바탕으로 조선의 멋을 살린 훌륭한 그림을 그릴 수 있었던 것입니다.

⑬ 고누놀이 말판놀이를 하는 어린이들
⑭ 빨래터 냇가에서 빨래하는 여자들
⑮ 우물가 사람들이 우물가에 모여 물을 긷는 모습
⑯ 담배 썰기 긴 쇠칼로 담배를 써는 모습
⑰ 자리 짜기 자리를 짜는 남자
⑱ 벼 타작 벼 이삭을 떨어 낟알을 거두는 모습
⑲ 그림 감상 그림을 보며 이야기를 나누는 모습
⑳ 길쌈 실을 내어 옷감을 짜는 여자들
㉑ 편자 박기 말발굽에 편자를 박는 모습
㉒ 고기잡이 배를 띄워 고기를 잡는 모습
㉓ 신행 혼례 뒤 신랑이나 신부 집으로 가는 모습
㉔ 점심 일을 마치고 맛있게 점심을 먹는 모습
㉕ 장터 길 말을 타고 장터로 가는 사람들

## 김홍도는 풍속화만 그렸을까?

김홍도는 도화서에 속한 화원이었기 때문에 관청에서 주문한 그림도 그려야 했어요. 김홍도의 그림을 좋아한 정조가 직접 주문하는 경우도 많았지요. 김홍도는 그림뿐 아니라 글씨도 잘 쓰고 악기도 잘 다뤘다고 합니다.

김홍도는 1745년 중인(양반과 평민 중간에 속하는 신분) 집안에서 태어났다. 강세황에게 그림을 배운 뒤 화원이 돼 1773년 영조 어진을 그리는 데 참여했다. 하지만 당시 어진은 화재로 없어졌다. 사진의 영조 어진은 1900년에 다시 그린 것이다.

김홍도는 1776년 정조의 명으로 학문을 연구하는 기관인 규장각을 그렸다. 당시 관청 그림 중 가장 크고 뛰어난 작품으로 꼽힌다.

1795년 김홍도는 정조의 화성 방문을 기록한 '원행을묘 정리의궤'를 그렸다. 이 그림은 8폭의 기록화인데, 사진은 배다리로 노량진을 건너는 여덟 번째 그림이다.

1790년 정조가 수원에 용주사라는 절을 세우자 김홍도가 불화인 '세 여래부처님'을 그렸다. 이 그림은 명암법과 원근법이 잘 표현되어 있다.

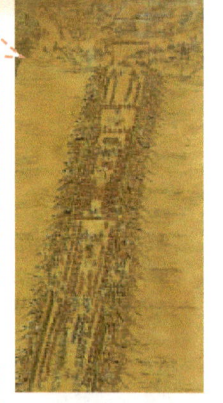

김홍도의 호랑이 그림. 1782년에는 스승 강세황과 누가 더 호랑이를 잘 그리는지 시합을 벌이기도 했다.

1788년 김홍도는 정조의 명으로 금강산을 그렸다. 완성된 작품은 두루마리 그림으로 50m가 넘었다는데 불에 타 전해지지 않는다. 그림은 금강사군첩 중 '총석정'이다.

## 생각이 쑤욱

 김홍도의 일생을 연표로 정리했어요. 빈 칸에 알맞은 내용을 채워요.

| 연도 | 일어난 일 |
|---|---|
| 1745년 | 김홍도는 (　　) 집안의 외아들로 태어났다. |
| 1773년 | (　　)와 당시 세자였던 정조의 초상을 그렸다. |
| 1776년 | 영조에 이어 왕 위에 오르는 정조는 김홍도에게 학문을 연구하는 (　　　　)을 그리게 했다. |
| 1782년 | 김홍도는 호랑이 그림에도 탁월한 재능을 보였다. 스승 (　　)과 누가 호랑이 그림을 잘 그리는지 내기를 하기도 했다. |
| 1788년 | 정조의 명으로 화가 김응환과 함께 (　　　　)을 여행하며 50m에 이르는 그림을 그렸다. |
| 1790년 | 중국에서 배운 서양 화법인 명암법과 원근법으로 수원 용주사의 (　　　　　)을 그린 뒤 불교와 인연을 맺게 되었다. |
| 1795년 | 정조의 화성 방문을 기록한 기록화 '원행을묘 정리의궤'를 그렸는데, 여덟 번째 그림에는 배를 이어 만든 (　　　　)로 노량진을 건너는 장면도 있다. |
| 1810년? | 1800년 정조가 갑자기 죽은 뒤 김홍도의 생활도 어려워졌다. 이후 '남해 관음도'를 그린 것을 마지막으로 1810년 전후에 죽었다고 추정된다. |

### 머리에 쏘~옥

**김홍도의 그림 도장**

김홍도는 가로, 세로 각 12cm인 큰 그림 도장을 갖고 있었어요.

이 도장에는 김홍도의 이름과 호 등이 적혀 있고, 마지막에는 '~입니다'라고 공손하게 글을 맺고 있지요.

크기나 형식으로 보아 왕에게 올리는 큰 그림에 찍었던 도장으로 추측되지만 지금은 남아 있지 않답니다.

 단원풍속도첩에 있는 그림을 보고 조선 시대 남자와 여자, 어린이의 생활은 어땠는지 1분 동안 설명해요.

 강희언의 활쏘기 그림(왼쪽)과 김홍도의 활쏘기 그림(오른쪽)을 비교한 뒤 김홍도가 그린 풍속화의 대표적 특징을 찾아요.

 김홍도의 '씨름'이에요. 엿 파는 아이가 되어 그림 속 상황을 입말로 들려주세요.

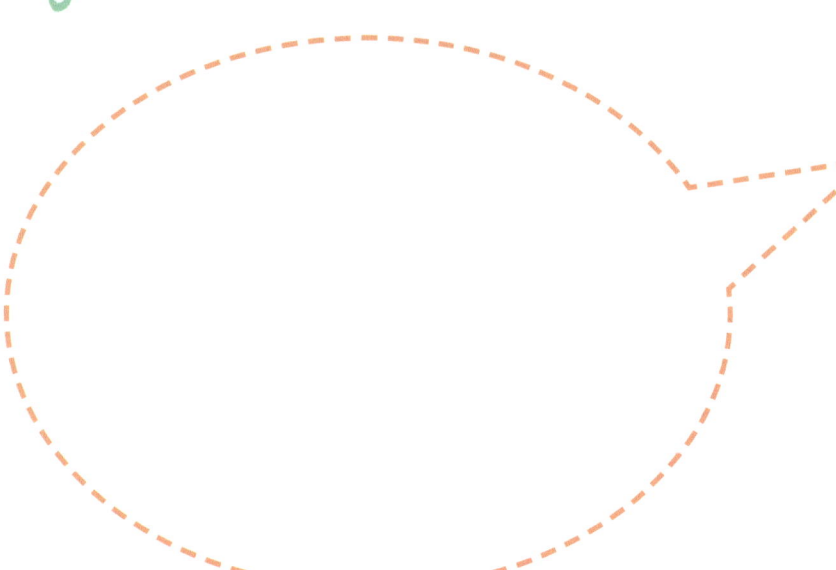

 김홍도의 '서당'처럼 요즘 우리 교실 모습을 풍속화로 그려요.

 김홍도가 타임머신을 타고 현대에 왔어요. 김홍도는 어떤 모습을 풍속화로 그리고 싶을까요? 풍속화의 의미를 살려 김홍도의 현대판 풍속화의 모습을 400자로 소개해요.

인물사 9

# 백성을 지독히도 사랑한 대학자 정약용

2009년 전남 강진군이 다산초당에 전시할 정약용(1762~1836)의 새 영정을 공개했습니다. 다산은 정약용의 호이며, 다산초당은 다산이 강진에서 귀양살이할 때 학문을 연구했던 곳입니다.

김호석 한국전통문화학교 교수가 그린 이 영정은 조선 시대 인물 최초로 안경을 끼고 있어요. 안경을 쓴 모습에 대해 김 교수는 "독서를 많이 해 시력이 나빠졌다는 다산 자신의 기록을 바탕으로 했고, 서양 문물을 적극 받아들였던 그의 열린 자세를 표현한 것."이라고 밝혔습니다.

정약용은 조선 후기의 대표적인 실학자입니다. 그때 조선에는 실생활과 동떨어진 유학 대신 백성의 생활에 도움이 되는 학문을 중요하게 여기는 학자들이 나왔는데, 이들을 실학자라고 합니다.

다산은 백성이 편히 사는 방법을 연구하는 데에 일생을 바쳤습니다. 그래서 정치와 경제는 물론, 의학·지리·천문·기술 등 실용적 분야의 책을 수없이 읽고 쓰며 연구했어요. 그래서 동양보다 한발 앞섰던 서양의 기술과 제도에도 관심이 컸지요.

⬆ 안경을 낀 정약용의 새 영정. 아래 사진은 원래 영정.

다산이 백성을 위해 한 일과 그의 사상을 공부하고, 오늘날 관리들이 본받아야 할 점을 생각해요.

## 부당하게 거둔 세금을 백성들에게 돌려주다

정약용이 살던 조선 시대는 매우 혼란스러운 시기였다. 정부의 대신(오늘날의 장관)들은 편을 갈라 다투기 바빴고, 지방 관리들은 백성에게 세금을 가혹하게 거둬들여 자기 욕심만 채웠다. 심지어 갓난아기와 죽은 사람에게도 세금을 거뒀다. 세금을 못 내 도망가면 이웃이나 친척에게 세금을 대신 받아냈다. 정약용은 이런 시대에 암행어사와 지방의 부사(지방 고을을 다스리던 관리)로 일하며 비참하게 사는 백성들을 정성껏 보살폈다.

### 암행어사로 백성을 괴롭히는 관리 고발

⬆ 암행어사가 가지고 다니던 마패.

1794년 경기 북부 지방의 암행어사로 임명된 다산은 백성이 사는 모습을 살펴 왕에게 보고했다. 그때 경기 감사(지금의 경기도지사) 서용보는 백성한테 거둬들인 곡식을 비싸게 되팔아 이익을 챙기고 있었다. 다산은 이 사실을 왕에게 보고해 서용보를 관직에서 물러나게 했다. 서용보는 이 일 때문에 훗날 정약용을 지독하게 괴롭혔다.

### 곡산 부사로 부임해 가난한 마을 풍요롭게 가꿔

1797년 다산은 황해도 곡산 부사로 임명됐다. 그는 관리들이 부당하게 걷은 곡식과 옷감을 백성에게 되돌려줬다. 농민에겐 농사를 편히 지을 수 있도록 소를 빌려줬고, 여름이면 더위를 식히라고 땅속에 보관하던 얼음을 나눠 주기도 했다. 가난했던 곡산은 다산이 온 뒤로 풍요롭고 살기 좋은 곳이 되었다.

## 뛰어난 건축 설계 기술로 수원 화성을 만들다

정조(재위 1776~1800)는 수도 한양을 지키고, 늘어난 한양 인구를 분산시키기 위해 경기도 수원에 성을 쌓으려고 했다. 그는 신뢰하던 다산에게 성의 설계를 맡겼다. 다산은 당시 동서양의 과학 지식과 첨단 도구들을 동원해 튼튼하면서도 아름다운 성을 설계했다. 오늘날 세계문화유산이 된 수원 화성은 다산의 치밀한 설계를 바탕으로 탄생했다.

### 동서양 성곽 장점 모아 빈틈없이 설계

다산은 동서양의 여러 책을 참고한 뒤 양쪽 성곽의 장점만 따 성을 설계했다. 성 둘레에는 물구덩이를 파 적을 막았다. 성벽에는 총이나 활을 쏠 수 있는 구멍을 뚫어놓았다. 성문 앞엔 둥근 모양의 벽을 한 번 더 쌓아 적이 쉽게 침입하지 못하게 했으며(**사진 오른쪽**), 성벽 중간마다 높은 시설물을 지어 적을 살피거나 무기를 넣어두는 데에 썼다(**사진 왼쪽**).

### 첨단 기구 동원해 공사 기간 크게 단축

수원 화성 공사는 원래 10년을 예상했다. 그런데 다산이 고안한 거중기(**사진**)와 녹로, 유형거 덕에 2년 9개월 만에 완공됐다. 거중기는 양쪽에서 줄을 잡아당겨 약 7톤 무게의 물건을 들어올리는 도구다. 높이가 11미터나 되는 녹로 역시 도르래의 원리를 이용해 만든 일종의 크레인이다. 유형거는 보통 수레 100대로 324일 걸려 운반할 짐을 70대로 154일만에 나를 수 있게 만든 특별한 수레였다. 정조는 공사가 끝난 뒤 "정약용의 기구들 덕에 4만 냥이나 절약했다."며 기뻐했다.

## 백성을 편하게 하는 법 연구해 500권 넘는 책으로 내다

실용적 학문을 중시했던 다산은 당시 천주교와 함께 서양에서 들어온 학문에 관심이 컸다.

하지만 양반들은 신분 차이가 없다고 말하는 서양 학문에 위기를 느꼈고, 그런 학문을 공부하는 다산을 못마땅하게 여겼다. 결국 대신들은 1801년 천주교를 믿는 백성을 잡아 죽이거나 벌을 줬고, 다산도 전남 강진으로 귀양보냈다.

정약용은 18년 동안 귀양을 살면서도 백성이 잘사는 방법을 연구해 500권이 넘는 책으로 정리했다. 그 가운데 바른

⬆ 다산이 귀양살이할 때 머물던 다산초당. 원래 초가였으나 나중에 사람들이 기와를 올렸다.

정치가 무엇인지 밝힌 『경세유표』, 관리가 가져야 할 자세를 제시한 『목민심서』, 죄인을 다룰 때 필요한 원칙을 담은 『흠흠신서』 등은 대표작으로 꼽힌다.

| | |
|---|---|
| **공정하지 못한 것을 공정하게 하는 것이 바른 정치다.**<br>『경세유표』 | "똑같은 백성인데 누구는 땅을 차지해 부유하게 살고, 누구는 땅이 없어 가난하게 산다. 그러니 땅을 백성에게 골고루 나눠 주는 것이 바른 정치다." |
| **목동이 양을 다루듯 백성을 옳은 길로 이끌며 잘 살게 해야 좋은 관리다.**<br>『목민심서』 | "백성이 관리를 위해 있는 것이 아니라, 관리가 백성을 위해 있는 것이다. 백성을 위한 관리가 되려면 욕심이 없고 청렴해야 한다." |
| **죄인을 재판할 때는 여러 가지로 신중히 따져야 한다.**<br>『흠흠신서』 | "형벌은 죄인이 잘못을 뉘우치게 하려고 있는 것이다. 죄인을 죽을 때까지 풀어주지 않는다면 그는 희망이 없어 잘못을 끝까지 바로잡지 않을 것이다." |

### 생각이 쑤욱

 조선 시대 유학은 실학과는 달리 실생활과 동떨어져 있었어요. 어떤 점이 그랬는지 생각해 봐요.

 가상으로 만든 조선 시대 신문입니다. 이 신문에 수원 화성을 설계한 다산의 인터뷰 기사가 실렸다고 가정하고 내용을 꾸며요.

# 조선신문

1796년 ○월 ○일

**2년 9개월 만에 완공된 수원 화성······ 설계자 정약용을 만나다**

　수원 화성이 2년 9개월 만에 완공됐다. 수원 화성은 설계부터 공사에 이르기까지 동서양의 과학 지식과 첨단 기구들이 모두 동원돼 화제가 되었다. 성을 설계한 다산 정약용 선생을 만나 이야기를 들어봤다.

물음 : 여막살이(부모의 묘 근처에 움막을 짓고 사는 일) 도중 성을 설계하라는 임금의 명을 받으셨다고요. 돌아가신 아버님을 모시는 것과 왕의 명을 받드는 것을 놓고 갈등하지 않으셨는지요?
답 :

물음 : 성을 설계할 때 어떤 것에 중점을 두셨습니까?
답 :

물음 : 이번 공사에는 거중기와 녹로, 유형거라는 새 기구들이 이용됐습니다. 이 기구들을 만든 동기는 무엇입니까?
답 :

## 생각이 쑤욱

**3** 백성을 사랑하는 마음에 500권이 넘는 책을 지은 다산에게 어떤 별명이 어울릴까요?

**4** 다음은 다산이 귀양지에서 두 아들에게 보낸 편지입니다. 이 편지를 통해 알 수 있는 다산의 성품을 말해 보세요.

> 무릇 재물은 꽉 쥐려 할수록 빠져 나가는 미꾸라지와 같다. 그러니 재물과 돈을 숨겨 두는 가장 좋은 방법은 남에게 베푸는 것이다. 베풀어 버리면 도둑에게 빼앗길 염려도 없고 불에 타버릴 걱정도 없다. 거기다 죽은 뒤 사람들에게 꽃다운 이름을 남길 수 있으니 이보다 더한 이익이 어디 있겠느냐.
>
> 저녁 무렵 숲 속에서 어린 아이 한 명이 밤 한 톨을 잃고 우는 모습을 보았다. 세상에 벼슬이나 재물을 잃고 우는 자들은 이 아이처럼 밤 한 톨에 울고 있는 것과 같다.

**5** 내가 시장이 되었어요. 시 공무원의 봉사 자세에 대해 다산을 사례로 들어 연설하려고 해요. 400자로 연설문을 써 보세요.

인물사 10

# 김정호는 왜 대동여지도를 만들었을까

2009년 2월 11일부터 3월 22일까지 서울 인사동 화봉 갤러리에서는 아주 특별한 전시회가 열렸습니다. '지도 사랑 · 나라 사랑전'이란 이름의 이 전시회에선 조선과 일본, 중국, 서양에서 만들어진 옛 지도들이 전시되었습니다.

전시된 지도들 가운데 가장 눈길을 끈 것은 김정호(?~1866)가 제작한 대동여지도(보물 제850호)였습니다.

대동여지도는 지금까지 남은 우리나라 전국 지도 가운데 가장 큽니다. 가로 약 4미터, 세로 약 7미터에 이르기 때문에 건물 3층 높이 이상의 공간이 있어야 제대로 걸 수 있지요. 대동여지도 앞에 서면 누구나 그 크기에 놀라 할 말을 잃는다고 해요. 그리고 그 정교함에 또 한 번 감탄하게 된다고 합니다.

대동여지도는 동양의 전통 지도 가운데 가장 뛰어난 것이기도 해요. 그래서 정확한 지도가 널리 보급되지 못했던 당시 지도가 필요했던 이들에게 큰 기쁨이 되었답니다.

대동여지도는 어떤 지도일까요? 김정호는 어떻게 대동여지도를 만들었을까요? 대동여지도의 우수성을 알아보고,

⬆ 대동여지도의 전체 모습. 오른쪽 밑의 작은 사진은 김정호의 영정.

그 속에 깃든 김정호의 땀과 눈물을 느껴봐요.

## 정확한 지도 없어 불편한 백성 돕기 위해 제작

1800년대 들어서며 조선은 상업이 빠르게 발달하기 시작했다. 전국을 돌며 장사하는 상인들이 늘자 정확한 지도가 필요한 이들이 어느 때보다 많아졌다.

하지만 당시 백성들이 제대로 된 지도를 얻기란 쉽지 않았다. 좋은 지도는 나라에서 국방을 위해 비밀 문서로 관리했기 때문에 왕이나 높은 관리만 볼 수 있었다. 간혹 이를 베낀 지도가 나돌기도 했는데, 베낄 때마다 모양이 바뀌어 갈수록 정확성이 떨어졌다. 김정호는 백성이 쉽게 구할 수 있는 정확한 지도가 있어야 한다고 가슴 깊이 느꼈다.

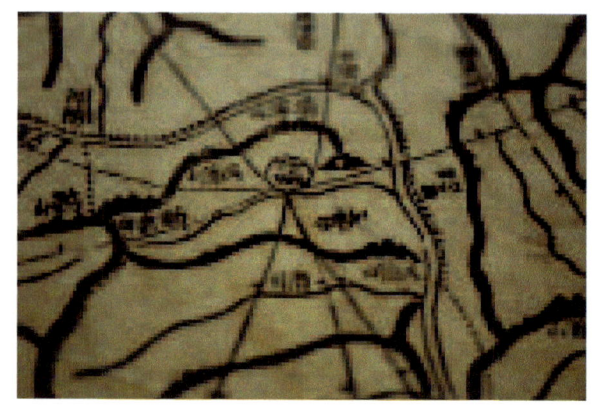
▲ 대동여지도의 일부.

## 어떤 방법으로 지도를 만들었나

많은 이들은 김정호가 지도를 만들려고 발이 부르트도록 전국을 돌아다니며 백두산에도 일곱 번이나 오른 것으로 알고 있다. 그러나 이는 사실이 아니다. 김정호가 만든 지도인 '청구도'에 친구 최한기(1803~77)가 붙인 서문에는 "내 친구 김정호는 여러 지도의 장점을 모아 전에 없던 완벽한 지도를 만들었다."고 적혀 있다. 아무 자료도 없이 오로지 현장 답사만으로 지도를 만든 건 아니라는 얘기다.

그렇다고 김정호가 지도를 쉽게 만든 것은 아니다. 대동여지도가 나오기까지 김정호는 30년 넘게 수많은 책과 지도, 목판들 속에 파묻혀 지도마다 다른 축척(실제 크기를 줄이는 비율)을 통일하고 잘못된 곳은 하나하나 고쳐나갔다. 극도의 정교함과 끈기가 요구되는 일을 그토록 오랫동안에 걸쳐 완성한 것이다.

일제 강점기 때 일본이 조선에 철도를 놓으려고 300명이 넘는 사람들을 동원해 근대식 방법으로 조선 지도를 만든 적이 있다. 그런데 이 지도가 김정호 한 사람이 만든 대동여지도보다 나을 게 없었다고 한다. 김정호가 지도에 쏟은 정성이 어느 정도인지 짐작할 수 있다.

## 인공위성으로 찍은 한반도 사진과 비교해도 손색 없어

김정호는 1834년 '청구도'라는 전국 지도를 만든 뒤 1857년경 이를 보완해 '동여도'를 완성했다. 그리고 4년 뒤인 1861년에는 동여도를 목판에 새기는 일까지 마쳤다. 이때 탄생한 동여도의 목판본이 바로 '대동여지도'다. 대동여지도는 오늘날 인공위성으로 찍은 한반도 사진과 비교해도 손색이 없을 만큼 정확하다.

### 접이식이라 휴대 간편

지역별로 그린 지도를 모아 모두 22첩으로 구성했다. 지도를 접으면 책 모양으로 변해 들고 다닐 수 있고, 펼치면 하나의 커다란 지도가 된다. 이는 과거의 지도들과 다른 점이다.

### 실제 거리까지 알 수 있도록 표현

10리(약4킬로미터)마다 점을 찍어 실제 거리를 알 수 있게 했다. 점 사이의 거리를 평지에선 멀게, 산지에선 가깝게 표시해 어느 곳이 평지이고 어느 곳이 산지인지도 알 수 있다.

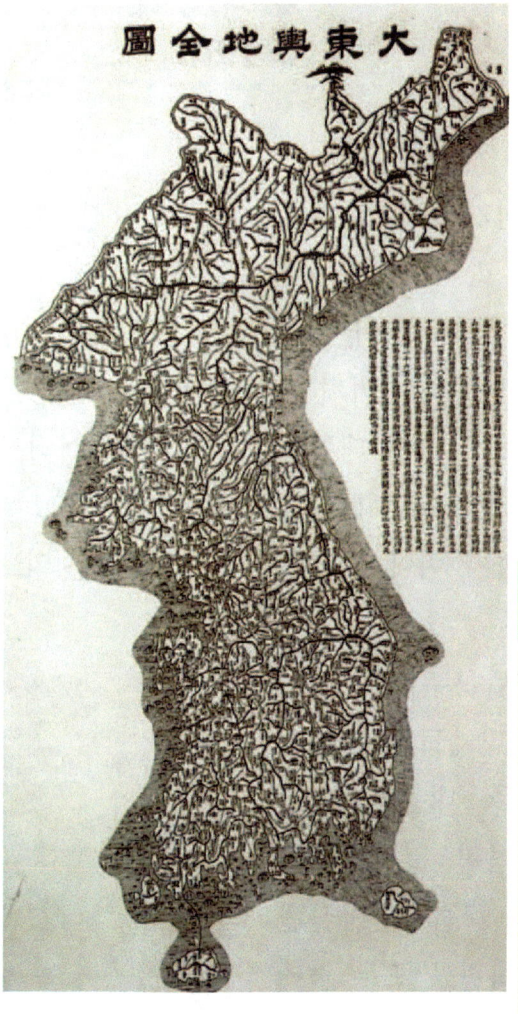

### 기호 사용해 알아보기 쉬워

과거의 지도는 각 마을 옆에 인구와 서울까지의 거리 등 많은 내용을 깨알처럼 써 넣어 매우 복잡했다. 대동여지도는 나타낼 내용을 글자 대신 기호로 표시해 알아보기 쉽게 했다.

### 산이 아닌 산맥을 표시

다른 지도들은 산봉우리만 표시했을 뿐 산맥을 표시하지 않았다. 대동여지도는 선을 이용해 산맥을 표현했다. 산맥의 크기와 높이에 따라 선의 굵기도 달리 했다.

## 일본이 왜곡한 대동여지도

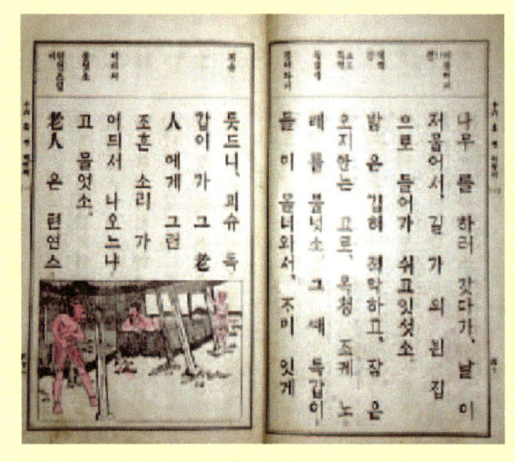

↑ 『조선어독본』의 일부.

"의지가 굳센 김정호는 온갖 어려움을 이겨내고 마침내 유명한 대동여지도를 완성하였다. 얼마 안 되어, 그 지도를 어느 대장에게 줬더니 그 대장은 뛸 듯이 기뻐하며 이것을 대원군께 바쳤다.
그러나 대원군은 "함부로 이런 것을 만들어 나라의 비밀이 다른 나라에 누설되면 큰일이 아니냐." 하시며, 그 지도판을 빼앗고 김정호를 잡아 옥에 가두셨으니, 정호는 옥중 고생을 견디지 못하고 끝내 죽고 말았다."

『조선어독본』의 '김정호전' 중에서

이 이야기는 일제 강점기 때 일본이 조선 초등학생을 교육하려고 펴낸 『조선어독본』에 실린 내용이다. 1934년 이 책이 나온 이후 이 이야기는 사실로 굳어져 지금까지 전해오고 있다. 또 나중엔 대원군(고종의 아버지)이 대동여지도의 목판을 모두 거둬 불살랐다고까지 이야기가 발전했다.

그러나 『고종실록』이나 『추국안』 같은 당시의 역사 기록물 어디에도 나라에서 대동여지도를 빼앗았다는 내용은 없다. 최근엔 대동여지도의 목판 일부(**오른쪽 사진**)가 숭실대 박물관과 국립중앙박물관에서 발견돼 대원군이 목판을 모두 불태웠다는 것도 사실이 아님이 증명되었다.

그렇다면 왜 일본은 이런 잘못된 사실을 교과서에 실었을까? 역사학자들은 일본이 조선인들에게 '조선의 지도층은 대동여지도 같은 훌륭한 작품을 알아보지 못할 만큼 어리석다'는 생각을 퍼뜨려 조선은 한심하고 부끄러운 나라라고 느끼게 만들려는 의도였다고 분석한다.

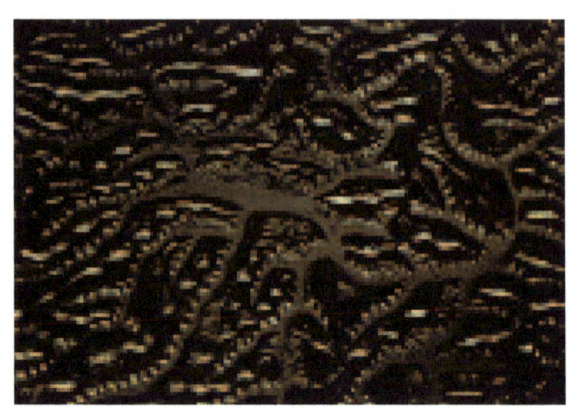

## 생각이 쑤욱

김정호가 살던 당시 아래의 사람들은 정확하고 자세한 지도가 필요한 이유를 어떻게 설명했을까요?

- 전국을 돌며 장사하던 상인:
- 세금으로 곡식을 거둬야 하는 지방 관리:
- 국방을 책임지던 관리:

김정호는 지도를 손으로 그린 것에서 멈추지 않고 목판에 새기는 일까지 했습니다. 지도를 목판에 새기면 좋은 점을 두 가지만 생각해요.

1. 
2. 

### 머리에 쏘~옥

**식을 줄 모르는 김정호의 열정**

김정호는 지도만 만든 것이 아닙니다. 자신이 만든 지도를 보충 설명하기 위해 각 지방의 특색을 자세히 설명한 책도 써냈지요. 이런 책을 '지지'라고 하는데, 그가 쓴 지지들엔 『동여도지』, 『여도비지』, 『대동지지』가 있어요.

### 생각이 쑤욱

대동여지도를 만든 김정호는 어떤 성격과 재능을 가진 사람이었을까요? 세 가지만 생각해요.

김정호가 전국을 일일이 돌아다니며 지도를 만들었다는 이야기 역시 『조선어독본』을 통해 퍼진 것입니다. 다음을 읽고 일본이 이처럼 잘못된 사실을 퍼뜨린 까닭을 추측하세요.

> "친한 벗으로부터 마을 지도 한 장을 얻은 김정호는 이것을 가지고 동네를 돌아다니며 일일이 맞춰 보았는데 틀리고 빠진 것이 많아 실망했다. 그 뒤 경성(지금의 서울)에 정확한 지도가 있다는 말을 듣고 갖은 수단을 다 동원해 궁중에 있는 조선팔도지도를 얻었는데 이 역시 실망스럽기는 마찬가지였다.(중략)
> 이에 자기 손으로 직접 지도를 만들기로 결심한 김정호는 찌는 듯한 더위와 살을 에는 추위도 견디며 이 마을에서 저 마을로 돌아다녔다."
>
> 『조선어독본』의 '김정호뎐' 중에서

대동여지도는 세계에 자랑할 만한 우리의 훌륭한 문화유산입니다. 유네스코에 대동여지도를 세계문화유산으로 지정해 달라고 요청하는 글을 400자로 써보세요.

인물사 11

## 고종 황제의 독립을 지키기 위한 노력

2009년 3월 1일은 3·1 운동 90주년이고, 조선의 제26대 왕 고종(**사진**·재위 1863~1907)이 돌아가신 지 90주년이 되는 해입니다.

고종은 1919년 1월 21일 새벽 세상을 떠났습니다. 갑작스러운 죽음이었기에 일본에 의한 독살설이 나돌았어요. 독살설은 백성의 분노를 일으켰고, 이 분노는 3·1 운동에 직접적인 영향을 줬답니다.

우리 역사상 고종만큼 파란만장한 삶을 살았던 왕도 없었어요. 고종은 왕의 자리에 있으면서도 아버지 대원군(1820~98)과 부인 명성황후(1851~95)의 권력 다툼 때문에 자신의 뜻을 제대로 펴지 못했어요. 밖으로는 조선을 차지하려는 강대국들에게 시달려야 했지요. 그래서 고종에겐 지금도 '아버지 등에 업히고 부인 치마폭에 싸여 있다 나라를 빼앗긴 왕'이란 비난이 따라다닙니다.

하지만 최근엔 고종을 강대국들 틈에서 나라의 독립과 근대화를 위해 최선을 다한 왕으로 평가하는 사람들도 많아졌어요. 어느 쪽이 진실일까요? 역사 속으로 들어가 고종에 관한 숨겨진 사실들을 알아봐요.

↑ 고종의 상여를 지켜보는 백성들.

## 고종 재위 때 나라 안팎의 상황

**외국이 무역하자며 나라 문 두드려**

1863년 고종이 왕위에 오를 즈음 나라 밖에서 미국과 프랑스 등이 무역을 하자며 조선을 찾아왔다.

**문 닫자는 대원군**

어린 고종을 대신해 나랏일을 보던 대원군은 서양 세력이 들어오면 조선이 망할 거라며 나라 문을 굳게 걸어 잠갔다.

**문 열자는 명성황후**

명성황후는 서양 문물을 받아들여야 조선이 발전한다고 생각했다. 고종도 같은 생각이었으나 아버지에 가려 제 목소리를 내지 못했다.

**대원군 물러나자 외국 세력끼리 다퉈**

1873년 대원군이 10년 동안의 섭정(왕을 대신해 나랏일을 보는 것)을 끝내고 물러나자 고종은 일본·프랑스·미국·러시아 등과 외교 관계를 맺고 무역을 시작했다. 그러나 외국 세력이 원한 것은 무역만이 아니었다. 그들은 조선의 영토와 자원을 차지하려고 서로 다퉜다.

**청과 러시아 물리친 일본이 조선 차지**

일본의 힘이 강해지자 명성황후는 청과 러시아의 힘을 빌려 일본을 물리치고자 했다. 이것이 못마땅했던 일본은 1895년 무사들을 보내 명성황후를 살해했다. 이 일로 생명의 위협을 느낀 고종은 이듬해 러시아 공관으로 몸을 피해 1년 동안 러시아의 보호를 받았다. 그러나 일본은 결국 청과 러시아를 물리치고 1905년 조선과 을사늑약을 맺었다. 조선의 모든 외교권을 일본이 가진다는 내용이었다.

## 독립 지키려고 고종은 할 수 있는 것 다 해

일부 학자들은 고종이 왕비 말만 듣고 외국 세력을 끌어들여 나라를 강대국 손아귀에 넘겨줬다고 비판한다. 하지만 또 다른 학자들은 이미 오래전부터 약해진 나라의 운명을 자기 시대에 와서 바꾸지 못했을 뿐, 고종은 왕으로서 나라를 지키기 위해 최선을 다했다고 평가한다. 다음과 같은 사실들이 그것을 증명한다는 것이다.

고종은 나라와 왕실의 권위를 높이고자 1897년 나라 이름을 '대한제국'으로 바꾸고, 자신을 황제라 부르게 했다. 고종 개인의 권력을 위한 일이라고 말하는 이들도 있지만 이는 땅에 떨어진 조선의 위엄을 바로 세우기 위한 것이었다.

고종은 1905년 맺은 을사늑약(을사년인 1905년에 강제로 맺은 조약)에 끝까지 서명하지 않았다. 조선의 외교권을 일본에게 줘 버리면 나라의 주권을 통째로 넘겨주는 셈이기 때문이다. 그런데도 조약이 맺어진 것은 일본이 조선의 대신 8명을 불러내 조약 내용에 찬성하도록 위협했기 때문이다.

을사늑약이 맺어진 뒤에도 고종은 이 조약의 부당함을 세계에 알리기 위해 1907년 6월 네덜란드 헤이그에서 열린 만국평화회의에 특사를 보냈다. 이 일로 일본의 미움을 산 고종은 그 해 7월 황제 자리에서 쫓겨났다.

## 외세 속에서도 근대화 통한 부국강병 꿈꿔

🔺 (위에서부터)1881년에 생긴 별기군의 모습, 조선 최초로 전기 설비를 들인 건청궁, 1899년 4월에 있었던 우리나라 최초의 전차 개통식.

고종은 서양 세력에 맞서 나라를 지키려면 그들의 발달된 기술을 받아들여 힘을 길러야 한다고 생각했다.

고종은 실제로 1881년 별기군이란 신식 군대를 만들어 새로운 무기를 갖추게 했고, 훈련도 신식으로 받게 했다. 강대국들의 해상 공격을 막기 위해 강화도에 해군사관학교를 세우고, 1905년엔 양무호라는 최첨단 군함도 구입했다.

고종은 군대뿐 아니라 나라의 모든 분야에서 근대화를 시도했다. 왕궁에 전기 시설을 들여놓고, 통신과 우편 제도를 도입했으며, 근대식 은행도 세웠다. 1899년엔 한성(당시 서울)에 전차를 개통하기도 했다.

고종이 비록 조국의 독립을 지켜내지는 못했지만, 근대화를 통해 부국강병을 이루고자 노력했던 것만큼은 인정해야 한다는 목소리가 높아지고 있다.

이 나라를 어떻게 하면 강하게 만들 수 있을까……

## 생각이 쑤욱

다음 두 사람의 주장 가운데 누구의 생각에 동의하며, 그 이유는 무엇인가요?

### 머리에 쏘~옥

**명성황후의 '이이제이' 외교술**

'이이제이(以夷制夷)'란 '오랑캐로 오랑캐를 누른다'는 뜻이에요. 외국 세력은 외국 세력으로 물리친다는 외교술이지요.

명성황후는 당시 강대국들 틈에서 조선을 살리기 위해 이 방법을 썼습니다. 일본을 누르기 위해 청나라나 러시아의 힘을 빌리는 식이지요.

**만국평화회의**

세계 각국 대표가 네덜란드 헤이그에 모여 세계 평화를 위해 의견을 나누던 회의였습니다.

고종은 1907년에 열렸던 제2차 회의에 이상설, 이준 등을 보내 을사늑약이 대한제국의 뜻이 아니라 일본의 강압에 의해 맺어진 것임을 알리고자 했습니다.

하지만 일본의 방해로 실패하고 말았어요.

주상, 조선은 아직 외국에 대항할 힘이 없어요. 우리가 힘을 기를 때까지 외국 세력이 조선 땅에 아예 들어오지 못 하도록 해야 합니다.

전하, 우리에겐 외국을 상대할 힘이 없으니 외국 세력을 들어오게 해 저희끼리 싸우게 해야 합니다. 그동안 우리는 저들의 문물을 받아들여 힘을 기르면 됩니다.

나는 고종의 명을 받고 만국평화회의에 온 특사입니다. 외국인들 앞에서 을사늑약의 부당함을 1분 동안 알려요.

안녕하십니까? 대한제국 황제의 명을 받고 이곳에 온 ○○○ 입니다.

## 생각이 쑥쑥

 다음 말에서 외국의 기술을 받아들이는 것과 정신을 받아들이는 것은 어떻게 다를까요?

짐은 미국, 독일, 영국 등과 조약을 맺으려 한다는 이유로 이 나라 선비와 백성에게 욕을 먹고 있다. 그러나 짐은 이를 부끄럽다고 생각하지 않는다.
외국의 기술을 배우는 것과 그들의 정신을 배우는 것은 다른 일이기 때문이다.

 고종 황제를 만나 당시 조선의 상황에 대한 청문회를 한다면 어떤 질문을 하고 싶은가요? 두 사람씩 짝을 이뤄 한 사람은 질문하고, 한 사람은 고종 황제 입장에서 답변하세요.
☞ 청문회란 어떤 문제를 자세히 알아보기 위해 관련된 사람에게 질문을 하고 답변을 듣는 것을 말합니다.

 왕으로서 고종에게 점수를 준다면 100점 만점에 몇 점을 주고 싶은가요? 다음 표를 채운 뒤 고종을 400자로 평가해요.

| 잘한 일 | | 못한 일 | |
|---|---|---|---|
| 내용 | 점수 | 내용 | 점수 |
|  | +10점 |  | -10점 |
|  |  |  |  |
|  |  |  |  |

점수 합계:           점

인물사 12

# 목숨 바쳐 독립운동 불씨 살린 청년 윤봉길

2008년은 윤봉길 의사가 탄생한 지 100주년이 되는 해였어요. 그래서 서울 서초구 양재동 매헌(윤봉길 의사의 호)기념관에서는 '윤봉길 의사 탄신 100주년 기념 학술대회'도 열렸지요.

윤 의사는 1932년 4월 29일 스물다섯 살의 젊은 나이에 중국 상하이 한복판에서 일본군에게 폭탄을 던지고 목숨을 바친 독립 운동가입니다.

우리나라가 1910년부터 35년 동안 일본에게 나라를 빼앗겼다가 되찾기까지 윤 의사를 포함해 안중근, 유관순, 이봉창 등 수많은 독립 운동가들의 희생이 있었답니다.

윤 의사는 왜 스물다섯 살에 의로운 죽음을 선택해야 했는지, 당시 일본은 우리 국민을 얼마나 못살게 굴었고, 우리의 독립 운동은 어떤 형태로 진행됐는지 등을 공부해요.

🔼 윤봉길 의사가 거사 사흘 전인 4월 26일 중국 상하이에서 항일 독립 운동 단체인 한인애국단에 가입하는 선서식을 한 뒤 태극기 앞에서 기념 촬영한 모습. 가슴에는 자신의 손으로 쓴 선서문을 붙이고 왼손엔 폭탄을, 오른손엔 권총을 들었다. [윤봉길기념사업회]

## 목숨 바쳐 조국이 살아 있음을 세계에 알리다

⬆ 의거 뒤 일본군에게 끌려가는 윤봉길 의사(가운데 흰옷 차림). 일부 학자들은 의거 직후 일본 경찰에 짓밟힌 윤 의사의 사진이 그대로 실릴 경우 우리 국민을 자극할까봐 가짜 사진을 신문에 실은 것이라 주장한다.

"콰앙!"

1932년 4월 29일 오전 11시 40분경, 중국 상하이 훙커우 공원에서는 폭탄이 터지는 굉음과 함께 한 젊은이가 "대한 독립 만세!"를 외치는 소리가 울려 퍼졌다. 이날은 일본 왕의 생일이기도 한데, 훙커우 공원에서 중국과 싸워 상하이를 빼앗은 일본군이 자기 나라 왕의 생일을 축하하고, 전승을 경축하는 기념식도 함께 벌이고 있었다.

그런데 식이 열리던 도중 한 젊은이가 뛰어들어 식장 단상에 폭탄을 던진 것이다. 그 순간 중국에 주둔하던 일본군 총사령관 등 일본군 우두머리 여럿이 죽거나 다치고, 식장은 아수라장으로 변했다.

폭탄을 던진 젊은이는 독립 운동을 하기 위해 처자식을 고향에 남겨둔 채 당시 우리나라 임시 정부가 있던 상하이로 건너온 25세의 조선 청년 윤봉길. 그는 임시 정부 최고 지도자(국무령) 백범 김구를 만나 나라를 위해 목숨을 바치겠다는 다짐을 한 뒤 기회를 엿봤다. 그리고 마침내 훙커우 공원에서 경축식이 열린다는 소식을 듣고 식장을 폭파하는 거사를 치른 것이다.

윤 의사는 현장에서 자결하려 했으나 실패하고 일본군에 체포되었다. 일본군은 모진 고문을 가해 의거의 배후를 캐내려 했다. 하지만 5월 10일 김구가 성명을 통해 진상을 세상에 알릴 때까지 그는 입을 열지 않았다.

## 독립 운동 자극할까 두려워 윤 의사 비밀리에 처형

윤봉길 의사의 의거는 곧 중국 등 세계에 알려졌다.

중국의 지도자 장제스는 "중국의 100만 대군이 하지 못한 일을 한국인 윤봉길이 혼자 해냈다."고 격찬했다. 일본군은 윤봉길 의사를 당초 폭탄 투척 현장인 훙커우 공원에서 공개 처형하려다 국제 여론을 의식해 포기했다. 공개 처형하

⬆ 1932년 12월 19일 오전 7시 30분 일본 이시카와 현 미고우시 육군 공병 작업장에서 눈을 가리고 꿇어앉은 채 십자 모양의 나무 형틀에 묶여 총살형을 당한 윤 의사의 모습.

면 윤 의사가 인류 평화를 위해 침략군을 응징한 세계의 영웅이 될 수 있었기 때문이다.

일본군은 분한 감정을 우리나라나 중국이 아닌 윤봉길 개인에게 풀지 않으면 안 되었다. 그래서 윤 의사를 군대의 손으로 처형하기 위해 그를 군사재판에 넘겼다. 윤 의사는 일본으로 옮겨져 군사재판에서 사형을 선고받고, 그 해 12월 19일 비밀리에 총살형을 당했다.

일본은 우리의 독립 운동을 자극할까 두려워 윤 의사의 처형 사실조차 감추려고 했다. 당시 일본의 한 기자는 "일본군이 사형 집행을 사격 연습으로 위장해 공포탄 30여 발을 쏴 윤 의사의 사형 집행을 감췄다."고 기록했다.

### 윤 의사가 던진 폭탄은 물통형

⬆ 윤 의사가 미처 터뜨리지 못한 도시락 폭탄.

윤봉길 의사가 의거 때 사용한 폭탄은 도시락 폭탄이 아니라 물통 폭탄이다.

윤 의사가 가져간 폭탄 두 개 가운데 물통 폭탄은 저격용, 도시락 폭탄은 자결용이었다.

'윤봉길 의사 탄신 100주년 기념 사업회'는 폭발한 물통 폭탄 대신 터뜨리지 못한 도시락 폭탄 사진이 공개돼 오해한 것이라고 밝혔다.

## 나라 빼앗고 온갖 횡포······ 독립 운동 들불처럼 일어나

↑ 윤봉길이 거사 전 두 아들에게 남긴 글.
("강보에 싸인 두 아들에게. 너희도 피가 있고 뼈가 있다면 반드시 조선을 위해 용감한 투사가 되어라. 태극의 깃발을 높이 드날리고 나의 빈 무덤 앞에 찾아와 한 잔의 술을 부어놓아라. 그리고 너희는 아비 없음을 슬퍼하지 말아라. 사랑하는 어머니가 있으니 어머니의 교양으로 성공한 사람을 보건대 동양으로 맹자가 있고, 서양으로 프랑스 혁명가 나폴레옹이 있고 미국에 발명가 에디슨이 있다. 바라건대 너희 어머니는 그의 어머니가 되고 너희는 그 사람이 되어라.")

1910년 우리나라를 빼앗은 일본은 경찰을 동원해 우리 민족을 탄압했다. 조상 대대로 물려받은 토지를 제때 신고하지 않았다는 이유로 모두 빼앗았고, 일본을 섬기는 식민지 교육을 강제로 시켰다. 이에 우리 민족은 일본에 대항하는 비밀 독립 운동 단체를 만들고, 중국의 만주와 연해주 지역에 무관 학교를 세워 독립군을 키우는 등 독립 운동을 벌였다.

1919년 3월 1일에는 전국에서 독립 만세 운동이 일어났다. 3·1운동은 우리 민족에게 독립의 희망을 불러일으켰고, 민족 지도자들은 좀 더 효과적으로 독립 운동을 하기 위해 중국 상하이에 임시 정부를 세웠다.

그러나 1930년대부터 일본의 중국 침략이 본격화되며 임시 정부로 들어오던 독립 자금이 끊기는 등 독립 운동이 크게 위축되기 시작했다.

이런 상황에서 일어난 윤 의사의 의거는 임시 정부와 우리 민족의 독립 정신을 되살아나게 만들었다.

상하이 의거에 감동한 장제스는 이후 1943년 카이로 회담에서 미국의 루스벨트 대통령과 영국의 처칠 수상에게 조선의 독립 문제를 거론해 국제무대에서 우리나라의 독립을 최초로 인정받도록 도움을 줬다.

"아직은 우리가 힘이 약해 외세의 지배를 면치 못하지만, 나라의 독립은 머지않아 꼭 실현되리라 믿어마지 않으며, 대한 남아로 할 일을 하고 미련 없이 떠나간다."는 윤 의사의 유언은 그가 순국한 13년 뒤인 1945년 8월 15일 마침내 이루어졌다.

## 생각이 쑤욱

**1.** "국가는 나에게 　　　　　이다."에 들어갈 말을 채워 넣고, 이유도 적어보세요.

**2.** 윤봉길 의사는 일본군에게 폭탄을 던지는 방식으로 독립 운동을 펼쳤어요. 나라면 어떻게 독립 운동을 했을까요?

**3.** 윤봉길 의사처럼 자기 몸을 바쳐 독립 운동을 한 분을 한 사람만 더 찾아 어떤 일을 했는지 1분 동안 발표해요.

### 머리에 쏘~옥

#### 항일 독립 운동 방식

항일 독립 운동은 무장 투쟁과 비무장 투쟁으로 나눌 수 있어요.

무장 투쟁은 독립군처럼 단체를 조직해 하는 것과 개인이 권총 또는 폭탄으로 일본의 주요 기관을 파괴하거나 주요 인물을 암살하는 등의 의혈 투쟁이 있습니다.

비무장 투쟁은 농촌 부흥 운동, 독립군에게 군자금 대기 등을 들 수 있고, 외국에 우리나라 사정을 알리는 외교적 투쟁 방법도 있지요.

#### 농촌 부흥 운동에도 앞장선 윤봉길

윤봉길은 활기가 사라진 농촌을 새롭게 바꾸기 위해 1926년부터 농촌 부흥 운동을 시작했어요.

1929년에는 월진회(날로 앞으로 나아가고 달마다 전진하자는 뜻)를 만들고, 회비를 거둔 뒤 회원들에게 돼지와 닭을 기르게 해 농촌이 발전할 수 있도록 힘썼답니다.

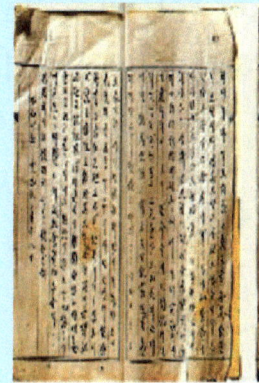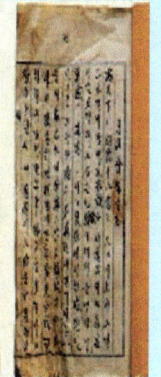

⬆ 월진회 설립 취지가 담긴 문서.

## 생각이 쑤욱

4. 윤봉길 의사의 상하이 의거가 일어난 뒤 중국 신문에는 어떤 기사가 실렸을까요? 신문 기사의 제목과 내용을 짧게 구성해 보세요.

5. 올해는 3·1운동이 일어난 지 90주년이 되는 해예요. 우리나라 독립을 위해 애쓰다 돌아가신 독립 운동가들에게 우리가 보답할 수 있는 일을 세 가지 이상 찾아요.

6. 윤봉길 의사가 나라의 독립을 위해 폭탄을 사용한 것에 대해 당시 일본 신문들은 '일본 국민을 격분시킨 사건'이라고 보도했습니다. 이러한 일본의 반응에 대해 윤 의사의 의거는 어쩔 수 없는 선택이었다는 내용의 글을 400자로 써보세요.

### 머리에 쏘~옥

**윤봉길 의사의 흔적들**

충의사

윤봉길 의사의 영정을 모신 곳(**사진**)으로 충남 예산군 덕산면에 있어요.

매정

중국 상하이 루쉰 공원(옛 훙커우 공원)에는 윤 의사의 전시관인 '매정'(윤 의사의 호인 매헌을 따서 지음·**사진**)과 의거 현장비가 있어요.

유품들

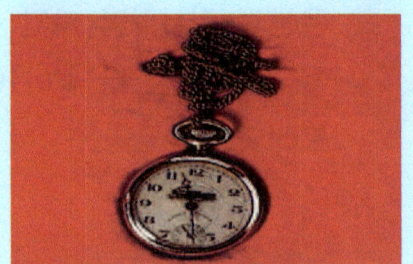

윤봉길 의사의 유품은 18종 31점이 보물로 지정되었어요. 한인애국단에 가입하며 쓴 선서문, 이력서와 유서, 거사 한 시간 전에 김구 선생에게 준 시계(**사진**), 지갑과 중국 화폐, 도장, 손수건, 안경집, 사형 당할 때 묶인 형틀 등이 있지요.

# 한눈에 보는 한국사 연표 (선사 시대~대한민국)

| 우리나라 | 연대 | 사건 | 중국 | 서양사 |
|---|---|---|---|---|
| 선사 시대 ~ 고조선 | 8000년경 | 신석기 형성(간석기) | 황하 문명 | |
| | 기원전 2333 / 2333 | 고조선 건국(단군왕검) | | |
| | 1122년경 | 고조선 8조금법 제정 | 은 | |
| | 1000년경 | 청동기 시작(반달돌칼, 민무늬토기, 고인돌) | 주 | |
| | 800년경 | 고조선, 왕검성에 수도 정함 | 춘추 | |
| | 450년경 | 부여 성립(쑹아리강 상류) | 전국 | |
| | 400년경 | 철기 보급 | | |
| | 194 | 위만, 고조선의 왕이 됨(위만조선) | 진 | 고대 사회 |
| | 108 | 고조선 멸망 | | |
| | 59 | 해모수, 북부여 건국 | 한 | |
| | 57 | 박혁거세, 신라 건국 | | |
| | 37 | 주몽, 고구려 건국 | | |
| | 18 | 온조, 백제 건국 | | |
| 삼국 시대 | (기원전) | | | |
| | (서기) | | | |
| | 42 | 가야 건국 | | |
| | 194 | 고구려, 진대법 실시(을파소) | 삼국 시대 | |
| | 260 | 백제, 율령 반포 (고이왕) | 진 | |
| | 313 | 고구려, 낙랑군 멸망 | | |
| | 372 | 백제, 예에 칠지도 하사/고구려, 불교 전래 | 5호 16국 | |
| | 381 | 백제, 불교 전래 | | |
| | 391 | 고구려, 광개토왕 즉위 | | |
| | 414 | 고구려, 광개토왕비 세움 | | |
| | 427 | 고구려, 평양 천도, 안학궁 건립 | 남북조 시대 | |
| | 433 | 나제동맹 성립 | | |
| | 449 | 고구려, 중원 고구려비 세움 | | |
| | 458 | 신라, 불교 전래 | | |
| | 475 | 백제, 웅진 천도 | | |
| | 503 | 신라, 국호를 신라, 황호를 왕이라 칭함 | | |
| | 512 | 신라, 이사부 우산국 정벌 | | |
| | 520 | 신라, 율령 반포 (법흥왕) | | 중세 사회 |
| | 528 | 신라, 이차돈 순교로 불교 공인 | | |
| | 538 | 백제, 사비 천도, 국호를 남부여라 함 | | |
| | 551 | 백제와 신라, 연합해 고구려 공격 | | |
| | 554 | 백제 성왕, 신라와의 관산성 싸움에서 전사 | | |
| | 555 | 신라, 북한산에 진흥왕 순수비 건립 | | |
| | 610 | 고구려 담징, 일본 후류사에 금당벽화 그림 | 수 | |
| | 612 | 고구려 을지문덕, 살수대첩 | | |
| | 645 | 고구려, 안시성 싸움 승리 | 당 | |
| 660 백제 멸망 | 660 | 신라와 백제 황산벌 전투, 백제 멸망 | | |
| 668 고구려 멸망 | 668 | 고구려 멸망 | | |

| 우리나라 | 연대 | 사건 | 중국 | 서양사 |
|---|---|---|---|---|
| 통일신라, 발해 | 676 | 신라, 삼국통일 | 당 | 중세 사회 |
| | 685 | 전국을 9주 5소경으로 편성 | | |
| | 692 | 설총, 이두 정리 | | |
| | 698 | 대조영, 발해 건국 | | |
| | 702 | 무구정광대다라니경 인쇄 | | |
| | 727 | 혜초, 『왕오천축국전』 저술 | | |
| | 751 | 김대성, 불국사와 석굴암 창건 | | |
| | 756 | 발해, 상경용천부 천도 | | |
| | 771 | 성덕대왕신종 주조 | | |
| | 828 | 장보고, 완도에 청해진 설치 | | |
| | 894 | 최치원, '시무 10조' 올림 | | |
| | 900 | 견훤, 후백제 건국 | | |
| | 901 | 궁예, 후고구려 건국 | | |
| 고려 시대 | 918 | 왕건, 고려 건국 | 5대 10국 | |
| | 926 | 발해, 거란에 멸망 | | |
| | 935 | 신라 멸망 | | |
| | 936 | 고려, 후삼국 통일 | | |
| | 958 | 과거제도 제정 | | |
| | 993 | 거란 1차 침입(~1018년까지 3차 침입) | 북송 | |
| | 996 | 건원중보 주조 | | |
| | 1019 | 강감찬, 귀주대첩 | | |
| | 1033 | 천리장성 축조 | | |
| | 1102 | 해동통보 주조 | | |
| | 1107 | 윤관, 여진 정벌 (9성 건설) | | |
| | 1126 | 이자겸의 난 | 남송 | |
| | 1135 | 묘청의 난 (서경 천도 운동) | | |
| | 1145 | 김부식, 『삼국사기』 50권 편찬 | | |
| | 1170 | 무신정변 | | |
| | 1176 | 망이와 망소이의 난 | | |
| | 1196 | 최충헌, 정권 장악 | | |
| | 1231 | 1차 몽골 침입(~1257년까지 7차례 침입) | | |
| | 1234 | 상정고금예문(세계 최초 금속 활자) 간행 | | |
| | 1251 | 팔만대장경 완성 | | |
| | 1270 | 강화에서 개경 환도, 삼별초의 항쟁 | 원 | |
| | 1285 | 일연, 『삼국유사』 완성 | | |
| | 1363 | 문익점, 원에서 목화씨 가지고 옴 | | |
| | 1377 | 『직지심경』 간행, 최무선, 화통도감 설치 | | |
| | 1388 | 이성계 위화도 회군 | 명 | |

79

| 우리나라 | 연대 | 사건 | 중국 | 서양사 |
|---|---|---|---|---|
| | 1863 | 고종 즉위, 흥선대원군 집권 | 청 | 근대 사회 |
| | 1865 | 경복궁 중건(~1872년) | | |
| | 1866 | 제네럴셔먼호 사건 발발, 병인양요 | | |
| | 1871 | 신미양요, 서원 철폐 | | |
| | 1876 | 강화도조약 체결 | | |
| | 1883 | 태극기를 국기로 제정, 한성순보 창간 | | |
| | 1884 | 갑신정변, 우정국 설치 | | |
| | 1894 | 갑오개혁 추진, 동학농민운동 | | |
| | 1895 | 을미사변 | | |
| 개항기 | 1897 | 아관파천, 독립협회 결성, 독립신문 창간 | | |
| | 1899 | 경인선 철도 개통 | | |
| | 1905 | 을사조약, 동학을 천도교로 개칭 | | |
| | 1907 | 국채 보상 운동, 헤이그 밀사 사건, 고종 퇴위 | | |
| | 1909 | 안중근, 이토 히로부미 사살 | | |
| 1910 조선총독부 설치 | 1910 | 국권 피탈(일제강점기 시작) | 중화 민국 | |
| | 1914 | 대한광복군 정부 수립 | | |
| | 1919 | 3·1 독립운동, 대한민국 임시정부 수립 | | |
| 일제 강점기 | 1920 | 봉오동과 청산리 전투 승리 | | |
| | 1926 | 6·10 만세운동 발발 | | |
| | 1932 | 이봉창·윤봉길 의거 | | |
| | 1936 | 손기정, 베를린올림픽 마라톤 우승 | | |
| | 1940 | 한국광복군 창설, 창씨개명 실시 | | |
| 1945 8·15 광복 | 1945 | 8·15 광복, 모스크바 3상 회의 | | 현대 사회 |
| 1948 대한민국 정부 수립 | 1948 | 대한민국 정부 발발 | 중화인민 공화국 | |
| | 1950 | 한국전쟁 발발 | | |
| | 1953 | 휴전협정 조인 | | |
| | 1960 | 4·19 혁명 | | |
| | 1961 | 5·16 군사정변 | | |
| | 1962 | 1차 경제 개발 5개년 계획 수립 | | |
| 대한민국 | 1970 | 경부고속도로 개통 | | |
| | 1972 | 7·4 남북 공동성명 발표, 남북 적십자회담 | | |
| | 1979 | 10·26사태 | | |
| | 1980 | 광주민주항쟁(5·18 민주화운동) | | |
| | 1988 | 24회 서울올림픽 개최 | | |
| | 1990 | 소련과 국교 수립 | | |
| | 1994 | 북한 김일성 사망 | | |
| | 2000 | 남북 정상회담 6·15공동선언 발표 | | |
| | 2002 | 한·일 월드컵 개최 | | |

| 우리나라 | 연대 | 사건 | 중국 | 서양사 |
|---|---|---|---|---|
| 1392 고려 멸망, 태조 이성계 조선 건국 | 1392 | 고려 멸망, 이성계, 조선 건국 | 명 | 중세 사회 |
| | 1394 | 한양 천도, 정도전, 『경국대전』 편찬 | | |
| | 1400 | 2차 왕자의 난, 태종 즉위 | | |
| | 1402 | 호패법 실시 | | |
| | 1413 | 조선 8도 완성 | | |
| | 1418 | 세종 즉위, 집현전 설치 | | |
| | 1432 | 『삼강행실도』 편찬 | | |
| | 1441 | 장영실, 세계 최초로 측우기 설치 | | |
| | 1443 | 훈민정음 창제 | | |
| | 1446 | 훈민정음 반포 | | |
| | 1456 | 사육신 처형(단종 복위 사건) | | |
| | 1474 | 성종, 『경국대전』 반포 | | |
| | 1506 | 중종반정 | | |
| 조선 시대 | 1543 | 백운동서원(최초 서원) 건립 | | |
| | 1568 | 이황, 『성학십도』 지음 | | |
| | 1583 | 이이, 10만 양병설 건의 | | |
| | 1592 | 임진왜란 발발, 한산도대첩 | | 근대 사회 |
| | 1593 | 행주대첩 | | |
| | 1597 | 정유재란 | | |
| | 1598 | 이순신, 노량해전서 전사 | | |
| | 1609 | 일본과 국교 재개(기유약조) | 청 | |
| | 1610 | 광해군, 허준, 『동의보감』, 25권 편찬 | | |
| | 1623 | 인조반정 | | |
| | 1627 | 정묘호란, 벨연 어행 제주도 표착 | | |
| | 1636 | 병자호란 | | |
| | 1678 | 상평통보 주조 | | |
| | 1708 | 대동법 전국 시행 | | |
| | 1712 | 백두산 정계비 세움 | | |
| | 1725 | 영조, 탕평책 실시 | | |
| | 1750 | 균역법 실시 | | |
| | 1780 | 박지원, 『열하일기』 지음 | | |
| | 1788 | 천주교 금지 | | |
| | 1792 | 정약용, 거중기 발명 | | |
| | 1796 | 화성 완성 | | |
| | 1811 | 홍경래의 난 | | |
| | 1818 | 정약용, 『목민심서』 완성 | | |
| | 1860 | 최제우, 동학 창시 | | |
| | 1861 | 김정호, 대동여지도 간행 | | |

# 역사토론 인물사 답안과 풀이

## 신라는 왜 장보고를 암살했을까
♣11쪽
1. 장보고의 일생과 업적을 정리한다.
☞정답 王
2. 법화원을 세운 이유를 파악한다.
☞예시 답안

여러분의 보금자리가 될 법화원이 드디어 완성됐습니다. 고향을 떠나 당나라에서 고생하는 우리 신라 사람들이 모여 쉴 수 있는 좋은 휴식처가 되었으면 좋겠습니다. 이곳에서 고향에 대한 그리움을 잠시 잊고 편하게 지내기 바랍니다.

♣12쪽
3. 장보고의 해상 무역 물품을 분류하며 무역의 규모를 짐작한다.
☞정답
- 아리비아 : 비단, 칼, 도자기, 인삼
- 당나라 : 금은 공예품, 약재, 인삼, 말, 가죽
- 일본 : 금은 공예품, 비단, 약재, 향료, 가죽, 거울, 불상, 낙타

4. 역사적 사실을 비판적으로 분석한다.
☞예시 답안 생략

5. 장보고의 가치를 이해한다.
☞예시 답안

장보고는 완도에 청해진을 세우고 들끓던 해적을 몰아냈다. 그 뒤 그는 뛰어난 항해술과 선박 기술을 바탕으로 무역선을 띄워 당나라와 일본은 물론 멀리 서남아시아의 이슬람 국가들과 교역했다.

장보고는 여러 나라들과 물건을 사고팔며 큰 이익을 얻었고, 그 힘으로 다시 군사력을 키웠다. 이후 주변 국가뿐 아니라 신라에서도 그의 힘을 두려워하기에 이르렀다.

"바다를 지배하는 자가 세계를 지배한다."는 말이 있다. 이는 세계가 바다로 연결되었기 때문에 바다를 차지하는 것이 세계의 가장 중요한 부분을 차지한다는 뜻이다. 즉 장보고처럼 바다를 지배하는 나라가 경제나 군사적인 면에서 큰 힘을 가질 수 있기 때문에 다른 나라를 지배할 수 있는 것이다.

## 고려를 지킨 영웅 강감찬
♣17쪽
1. 설화가 탄생한 배경을 추측한다.
☞예시 답안

강감찬이 아무리 영웅이라고 해도 사람으로 둔갑한 짐승을 혼내주거나 벼락을 손으로 꺾었을 리가 없다. 그런데도 사람들이 이런 비현실적인 설화를 퍼뜨린 것은 그의 영웅적인 면을 더 돋보이게 하기 위해서였을 것이다.

2. 주어진 정보의 핵심 내용을 신문 제목 형식으로 나타내는 문제다.
☞예시 답안
- 고려 일보 : 강감찬, 귀주에서 거란군 전멸시켜…… 10만 거란군 중 살아 돌아간 이는 수천 명뿐
- 거란 일보 : 고려는 도저히 정복할 수 없는 나라?…… 거란, 세 번째 고려 침입 또 실패

3. 역사적 상상력이 요구된다.
☞예시 답안

고려도 발해처럼 거란에게 멸망했을지 모른다. 그러면 우리 민족은 고유의 전통과 문화를 잃은 채 거란 옷을 입고 거란 말을 쓰며 살았을 것이다. 고려의 뒤를 이은 조선도, 지금의 대한민국도 없을 것이다.

♣18쪽
4. 학습한 정보를 시각적 이미지와 글로 종합하는 활동이다.
☞예시 답안 (캐릭터는 생략)

강감찬이 살던 당시 고려는 북쪽에서 틈만 나면 침입하는 거란 때문에 큰 위기에 처해 있었다. 강감찬은 이런 거란을 고려 땅에서 몰아낸 명장이었다.

그는 거란이 수십만 군사를 몰고 와 위세를 부려도 기가 꺾인 적이 없었고, 거란의 침입이 없을 때에도 군사를 모아 훈련시키며 방심하는 법이 없었다. 특히 1018년 거란이 세 번째로 침입했을 때는 둑으로 강물을 막아뒀다 터뜨려 공격하고, 적이 식량을 구할 수 없도록 마을을 비워 두는 등 탁월한 지혜를 발휘해 적을 물리쳤다.

어떤 상황에서도 용기를 잃지 않는 마음, 어려울 때를 미리 대비하는 자세, 침착하게 문제를 해결하는 지혜 등 강

감찬은 나라를 지키기 위해 이런 것들이 얼마나 중요한지를 보여 줬다. 우리도 그가 가르쳐 준 교훈을 가슴 깊이 간직했다가 나라가 위기에 처할 때마다 되새겨야 할 것이다.

## 세종대왕과 훈민정음 창제 비밀 작전
♣23쪽

1. 현재 사용하는 한글의 자음과 모음을 정리한다.
☞ 정답 생략

2. 훈민정음을 만든 배경을 살핀다.
☞ 예시 답안 생략

♣24쪽

3. 훈민정음이 조선 시대 사람들에게 미친 영향을 추측한다.
☞ 예시 답안
내 생각을 남에게 알릴 수 있다/책을 통해 다양한 정보를 알 수 있다/글을 읽고 쓸 수 있어 자부심이 생겼다 등.

4. 한글 세계화의 장점을 파악한다.
☞ 예시 답안
외국 사람들이 우리 문화를 친근하게 느낀다/한글의 아름다움을 안다/우리 문화를 세계에 자연스럽게 전파할 수 있다 등.

5. 세종대왕의 업적을 평가하며 교훈을 얻는다.
☞ 예시 답안
세종대왕은 백성을 위해 다양한 책과 기구들을 만들었다. 이 가운데 가장 훌륭한 업적이 훈민정음을 만든 것이다.
조선 시대에는 문자가 없어 중국의 한자를 사용했다. 그런데 글자가 어려워 백성들이 쉽게 배울 수 없었다. 세종대왕은 백성이 읽고 쓰기 쉬운 글자를 만들기로 결심했다. 그리고 10년 동안 노력한 끝에 1445년(세종 25)에 훈민정음을 완성했다.
그러나 신하와 양반들은 훈민정음이 필요 없는 글자라며 극구 반대했다. 세종대왕은 이들을 귀양 보내면서까지 훈민정음을 반포했다. 훈민정음이 백성들 사이에 서서히 퍼지며 자신의 생각을 글로 표현할 수 있는 새로운 세계가 열렸다.
세종대왕이 신하들의 반대에 부딪혀 훈민정음을 반포하지 않았다면 우리는 지금도 한자를 쓰고 있을지 모른다. 세종대왕의 끈질긴 연구와 백성을 사랑하는 마음, 자신의 결정을 밀고 나가는 추진력이 세계에서 가장 우수한 한글을 만든 것이다.

## 천재 과학자 장영실, 그 의문의 퇴장
♣29쪽

1. 주어진 기구의 문제점을 찾아내며 논리적 추론 능력을 기른다.
☞ 예시 답안
지켜보는 사람이 깜빡 졸거나 잠깐 자리를 비우면 알려야 할 시각을 놓칠 수 있다.

2. 특정 기구가 역사에 미친 영향을 생각하며 사고를 확장한다.
☞ 예시 답안

| 기구 | 백성의 생활은 어떻게 바뀌었을까 |
|---|---|
| 자격루 | 정확한 시각을 알려주는 시계가 생겨 사람들이 시간을 짜임새 있게 썼을 것이다. |
| 측우기 | 해마다 강우량을 기록해 두면 어느 때 비가 많이 오고 어느 때 가뭄이 드는지 예측할 수 있어 농사에 도움이 되었을 것이다.<br>어느 지방에 비가 얼마나 왔는지 알 수 있어 가뭄이나 홍수를 핑계로 수확량을 속여 세금을 적게 내는 사람도 줄었을 것이다. |
| 갑인자 | 책을 접할 기회가 많아져 백성의 지식 수준이 높아졌을 것이다. |

3. 역사적 배경 지식을 이용해 상황에 대한 원인을 유추해 본다.
☞ 예시 답안
장영실에게 벼슬을 주면 다른 천민들도 벼슬을 달라고 할 것이고, 결국 신분 제도가 흔들릴까봐 염려했기 때문이다. 지배층이던 신하들은 신분이 낮은 사람들에게 자신들이 누리던 권리를 빼앗기는 것이 두려웠을 것이다.

♣30쪽

4. 독해를 통해 인물이 성공할 수 있었던 요인을 정리한다.
☞ 예시 답안
상상력과 손재주가 있었다/끈기와 열정이 있었다/든든한 후원자가 있었다.

5. 역사적 사건의 배경을 추측하는 활동으로 상상력과 추리력이 요구된다.
☞ 예시 답안 생략

6. 옛 인물한테서 오늘날 관련 분야의 사람들이 배워야 할 점을 생각해 본다.
☞ 예시 답안

이렇게 유능한 과학도들을 보니 든든합니다. 다만 여러분과 우리나라 과학의 미래를 위해 한 가지 말하고 싶은 것이 있습니다. 과학기술은 사람을 위하는 마음을 바탕으로 해야 한다는 것입니다. 어떻게 하면 사람들을 좀 더 편하게 할까? 과학도들은 이것만 고민하면 됩니다. 새로운 기구로 돈을 많이 벌 생각, 기발한 발명품으로 이름을 떨칠 생각 등은 버리세요. 돈과 명예는 열정과 노력만 있다면 저절로 따라온답니다.

앞으로는 과학기술이 한 나라의 미래를 결정할 것입니다. 요즘엔 기후 변화에 대처하는 기술과 우주 개발을 놓고 각 나라가 경쟁한다고 들었어요. 우리나라의 미래가 여러분 손에 달렸습니다. 자부심과 책임감을 느끼고 열심히 노력해 주세요. 제가 여러분 곁에서 응원하겠습니다.

## 5만원짜리 지폐 모델 신사임당은 슈퍼우먼?
♣ 35쪽
1. 인물의 주요 덕목을 몇 가지 단어로 압축해 나타내는 능력이 필요하다.
☞ 예시 답안
솔선수범, 인내, 멀리 보는 안목, 독립심, 적극성 등.
2. 관찰력과 상상력, 표현력을 기른다.
☞ 예시 답안 생략

♣ 36쪽
3. 같은 인물이 다른 시대에 살았을 때 달라질 결과를 유추해 본다.
☞ 예시 답안
대학에서 그림을 전공한 사임당은 외국으로 유학을 갔다와 교수가 됐을 것이다. 결혼은 외국에서 공부할 때 했을 것 같다. 조선 시대처럼 집안에서 남편감을 정해주는 일도 없고 시대를 앞서가는 적극적인 성격이니 외국인과 결혼했을지도 모르겠다. 아이는 둘만 낳았을 것 같다. 모두 사임당을 닮아 똑똑하고 재능이 많을 것이다.
4. 상반된 주장에 대한 자신의 입장을 밝히며 논리력과 구술 능력을 기른다.
☞ 예시 답안
저는 화폐 속 신사임당이 더 마음에 듭니다. 모습이 훨씬 부드럽고 따뜻해 보이기 때문입니다.
그것은 저의 주관적인 느낌이라고요? 하지만 신사임당의 초상을 두고 나온 말들도 모두 주관적인 느낌일 수밖에 없습니다. 누구도 사임당의 실제 얼굴을 본 적이 없으니까요. 사람에 따라 달라지는 느낌을 두고 어느 것이 옳고, 어느 것은 그르다고 말해선 안 된다고 생각합니다.

신사임당의 얼굴을 보고 주모 같다고 말하는 것도 이해되지 않습니다. 주모의 얼굴과 예술가 얼굴이 따로 있습니까?
새 지폐 속 사임당의 얼굴을 보고 벌어지는 논란은 정답도 없는 문제를 풀려고 쓸데없이 시간 낭비를 하는 것과 같습니다.
5. 과거 인물을 현대적 시각에서 분석하는 문제다.
☞ 예시 답안
사임당이 위인인 이유는 남편이나 자식에게 자신의 삶을 의존하지 않은 독립성 때문이라고 생각한다.
사임당은 당시 대다수의 여성처럼 자식이나 남편을 위해 자신을 버리지 않았다. 타고난 재능을 꾸준히 갈고 닦아 자신을 발전시켰고, 사회의 관습과 상관없이 자신이 옳다고 믿는 것을 실천에 옮겼다. 자신을 사랑하는 마음과 자기 인생을 스스로 책임지려는 마음, 부당한 것에 굴복하지 않는 용기를 지녔던 것이다.
오늘날에도 여전히 남편과 자식에게 자신의 인생을 거는 여성들이 많다. 가족을 위해서라고 말하지만 사실은 스스로 의지가 부족해 접은 꿈을 남편과 자식의 성공으로 보상받으려는 건 아닐까? 이런 여성들은 신사임당이 자신의 꿈도 이루면서 자식들도 성공적으로 키운 비결이 무엇인지 잘 생각해 봐야 할 것이다.

## 백성의 주치의 허준과 동의보감
♣ 41쪽
1. 시대적 배경을 바탕으로 인물의 행동 원인을 추측한다.
☞ 예시 답안
조선 시대는 허준처럼 본부인이 낳지 않은 자녀는 관직에 나갈 수 없었다. 백성은 아파도 약값이 비싸 치료를 제대로 받을 수 없었다. 허준은 관직에 나가지 못할 바에야 사람의 병을 고치는데 평생을 쏟기로 결심하고 의원이 되려고 했다.
2. 인물의 생각을 도식화한다.
☞ 예시 답안 생략
3. 인생곡선으로 허준의 일생을 정리한다.
☞ 예시 답안

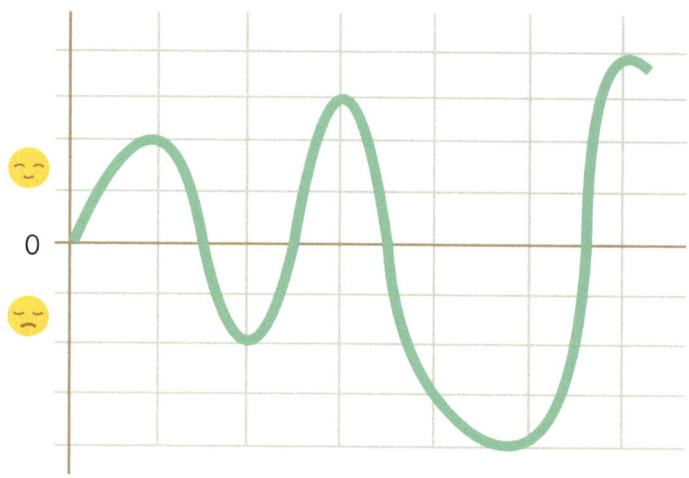

♣42쪽

4. 두 인물의 삶을 비교 분석한다.
☞예시 답안

■차이점
허준 : 조선 시대 사람이다/관직에 나가 임금을 도왔다/의서를 펴냈다 등.
선우경식 : 현대인이다/결혼하지 않았다/자신의 돈으로 아픈 사람을 도왔다 등.
■공통점 : 봉사정신이 강하다/나보다 남을 먼저 생각한다/의술을 펼치는 의사다 등.

5. 타인을 위해 사는 삶의 가치를 깨닫는 문제다.
☞예시 답안

조선 시대는 본부인에게 낳은 자식이 아니면 관직에 오르지 못하는 신분 차별 사회였다. 그러나 허준은 실망하지 않고 의술을 익혀 높은 관직에 올랐다. 조선 사회의 신분의 벽을 깨는 큰일을 한 것이다. 또 허준은 『동의보감』을 편찬해 백성이 우리나라에서 나는 약초로 쉽게 병을 고칠 수 있도록 길을 열었다.
선우경식 원장은 자신의 모든 것을 바쳐 가난한 사람들에게 의료 봉사를 했다. 우리 사회가 소외받는 사람들에게 관심을 갖도록 만들었다. 선우경식 원장의 높은 뜻은 그가 죽은 뒤에도 계속 이어질 것이다.
허준과 선우경식 원장은 자신의 부와 명예보다 남을 위해 의술을 사용했기 때문에 본받을 만하다. 사람들을 질병의 고통에서 벗어나게 하려고 평생을 바친 의사로서의 사명감도 본받아야 한다.

## 박문수는 왜 '암행어사의 전설'이 되었나
♣47쪽
1. 시대적 배경을 바탕으로 박문수가 암행어사의 대명사가 된 이유를 추측한다.
☞예시 답안

박문수가 암행어사로 일한 기간은 짧지만 백성의 어려운 점을 개선하려고 노력했다. 다른 관직에 있을 때도 항상 백성을 위해 일했다. 이런 그의 업적이 많은 백성에게 알려졌고, 그래서 조선에서 가장 유명한 암행어사가 됐을 것이다.

2. 암행어사 제도의 효과를 분석한다.
☞예시 답안

| 임금 | 지방 관리 | 백성 |
|---|---|---|
| -백성의 어려운 점을 이해할 수 있게 되었다.<br>-탐관오리를 벌할 수 있게 됐다. | -백성을 괴롭히거나 자기 마음대로 일을 처리하는 사례가 줄었다. | -임금과 관리에 대한 불만이 줄었다.<br>-백성의 편이 있다는 사실에 희망을 갖고 살게 됐다. |

3. 암행어사에게 필요한 물건을 찾으며 확산적 사고를 키운다.
☞예시 답안

유척, 마패, 봉서, 엽전, 짚신, 약, 옷 등.

♣48쪽
4. 표현력과 조어력이 필요한 활동이다.
☞예시 답안

■실용 박문수 : 양반의 체통보다는 백성의 현실 문제를 중요하게 생각했기 때문에.

5. 확산적·적극적 사고가 필요하다.
☞예시 답안 생략

6. 정보를 실생활에 응용하는 문제다.
☞예시 답안

암행어사는 친구들 몰래 활동해야 하기 때문에 뽑는 과정부터 철저하게 비밀이 유지되도록 한다.
선생님께서 토요일마다 한 사람을 정해 일기장이나 숙제 검사장에 암행어사가 되었다는 것을 살짝 알려준다.
암행어사가 된 친구는 들키지 않게 조심하면서 일주일 동안 학급에서 일어난 일을 기록한다. 잘못하면 고자질로 비춰지므로 나쁜 일보다 좋은 일 위주로 적는다. 특히 남에게 도움을 준 친구나 반 분위기를 화목하게 이끈 '으뜸 친구'를 찾는다.
토요일이 되면 선생님께 받은 마패를 들고 "암행어사 출두야."를 외친 다음에 우리 반에서 일주일 동안 있었던 좋은 일과 으뜸 친구를 발표한다.
선생님께서는 으뜸 친구로 뽑힌 사람과 일주일 동안 열심히 암행어사를 한 친구에게 작은 선물을 주며 칭찬한다. 다른 친구들도 박수를 치며 수고했다고 격려한다.

## 천재 화가 김홍도, 조선을 한 폭 그림에 담다
♣53쪽

1. 김홍도의 삶을 연대순으로 정리한다.
☞정답
 중인, 영조, 규장각, 강세황, 금강산, 세 여래부처님, 배다리
2. 조선 시대 생활 모습을 풍속화를 통해 익힌다.
☞예시 답안
 조선 시대는 신분에 따라 생활 모습이 달랐어요. 양반 남자는 활쏘기 연습, 그림 감상 등으로 시간을 보냈어요. 일반 백성은 고기를 잡거나 자리 짜기, 농사를 짓는 등 열심히 일을 했지요. 평민 여자는 길쌈과 아이 돌보기, 빨래 등 집안일을 했어요. 어린이들은 서당에서 글을 배우거나 여럿이 모여 고누놀이 등을 하고 놀았어요.
3. 김홍도 그림의 특징을 익힌다.
☞예시 답안
 김홍도의 그림은 배경이 없고 인물의 행동이나 표정을 섬세하게 표현했다.

♣54쪽
4. 시각적 자료를 글로 구체화시키는 활동이다. 그림을 보는 방법도 배운다.
☞예시 답안
 지금 씨름이 한창 진행되고 있어. 왼쪽 위에 깍지를 낀 사람 보이지? 이 사람이 지금 시합에서 이긴 사람과 붙게 될 거야. 얼굴에 긴장한 표정이 역력하지?
 난 사람들에게 엿을 팔고 있어. 그런데 사람들이 씨름을 구경하느라 엿을 사 먹을 생각을 하지 않네. 씨름이 끝나야 엿을 팔 수 있을 것 같아.
5. 풍속화에 대한 지식을 바탕으로 교실 풍경을 그리는 미술 영역 활동이다.
☞예시 답안 생략
6. 현대를 대표하는 풍속을 유추한다.
☞예시 답안
 김홍도가 현대에 왔다면 한 가정의 저녁 풍경을 그렸을 것이다. 김홍도가 살았던 시대와는 아주 다르기 때문이다.
 남자 어른은 소파에 누워 리모컨을 눌러 TV 채널을 돌리고 있다. 볼 프로그램이 없는지 무척 심심한 표정이다. TV 옆에는 여자 어른이 전화기를 귀에 대고 웃으며 30분 넘게 통화하고 있다.
 여자 아이는 책상 위에 놓인 컴퓨터 앞에서 게임을 한다. 이상하게 생긴 꼬마들을 조종해 괴물을 무찌르고 있다. 작은 남자아이는 미니 게임기로 숨은 그림 찾기 놀이에 열중한다. 남자 아이 옆에는 머리에 리본을 단 흰 강아지가 엎드려 아이를 쳐다보고 있다.

## 백성을 지독히도 사랑한 대학자 정약용
♣59쪽

1. 조선에서 실학이 등장한 배경을 이해한다.
☞예시 답안
 부모가 돌아가시면 묘 앞에서 삼 년 동안 움막을 짓고 살아야 했다/부모에게서 받은 몸은 함부로 훼손하면 안 된다고 해 머리카락을 자르지 않았다 등.
2. 주제 인물의 인터뷰 기사를 쓰며 인물의 업적을 깊이 이해한다.
☞예시 답안
 ■답: 왜 갈등이 없었겠습니까? 하지만 움막을 지키는 것보다 성을 설계하는 것이 세상에 더 도움이 되는 일이라 생각했어요.
 ■답: 어떤 적이 침입해도 끄떡없을 만큼 튼튼해야 한다는 것과 보기에도 아름다워야 한다는 것이었습니다.
 ■답: 공사에 참여하는 백성을 조금이라도 편하게 하고 공사비를 절약하려는 생각 때문이었습니다.

♣60쪽
3. 인물에게 어울리는 별명을 생각하며 표현력을 기른다.
☞예시 답안 걸어 다니는 백과사전
4. 인물의 성품을 추측하는 문제다.
☞예시 답안
 검소하고 청렴하며 남을 배려하는 넉넉한 마음을 지녔다. 눈앞의 작은 이익보다 멀리 있는 것을 볼 줄 아는 지혜로운 사람이다.
5. 인물의 사례를 인용해 오늘날 관련 분야의 사람들이 지녀야 할 자세를 서술한다.
☞예시 답안
 오늘 저는 우리 시 공무원들이 가져야 할 자세에 대해 말씀드리고자 합니다.
 마침 우리 조상 중에 공무원이 가져야 할 자세를 온몸으로 보여 주신 분이 계십니다. 바로 다산 정약용 선생이시지요. 그분은 관리로 일하며 부당하게 거둔 세금을 백성에게 되돌려주고, 백성을 편하게 만드는 방법을 연구하셨습니다. 귀

양살이를 할 때도 『목민심서』라는 책을 통해 관리가 가져야 할 자세를 정리했지요. 좋은 관리란 백성을 올바른 길로 이끌며 잘살게 해줘야 하며, 그러려면 자신의 욕심을 버리고 백성에게 봉사하는 마음을 가져야 한다고 했습니다.

우리 시 공무원들도 그분의 가르침을 본받아 시민께 봉사했으면 합니다. 그러면 우리 시는 살기 좋은 고장이 되고, 우리 공무원들도 큰 보람을 느끼게 될 것입니다.

## 김정호는 왜 대동여지도를 만들었을까
♣ 65쪽
1. 지도의 필요성을 다각도로 생각한다.
☞ 예시 답안
　■ 상인 : 우리는 전국을 돌아다니며 물건을 팝니다. 어느 곳에 장이 있는지, 그곳까지 물건을 싣고 가려면 어떤 길을 이용해야 하는지 등을 알아야지요. 그러려면 정확한 지도가 꼭 필요합니다.
　■ 세금 거두는 지방 관리 : 우리는 추수철이 되면 세금으로 곡식을 거둬야 합니다. 그래서 논밭의 위치와 크기를 자세히 나타낸 지도가 꼭 필요합니다.
　■ 국방을 책임지던 관리 : 각 지방이 어떻게 연결되는지 지형이 어떤 특색이 있는지 모르면 적에게 공격을 당해도 전략을 짜기 어렵기 때문에 자세한 지도가 필요해요.
2. 특정 행위가 가져오는 이점을 생각하며 논리적 사고력을 기른다.
☞ 예시 답안
　① 한 번에 여러 장의 지도를 찍어낼 수 있어 많은 사람들이 볼 수 있다.
　② 지도를 손으로 베껴 그리면 정확성이 떨어진다. 하지만 목판본을 만들면 이런 일을 막을 수 있다.

♣ 66쪽
3. 주어진 정보를 통해 인물의 성격과 재능을 유추하는 문제다.
☞ 예시 답안
　공간과 거리 감각이 뛰어나다/손재주가 좋다/의지가 강하고 끈기가 있다 등.
4. 역사적 행위의 배경을 추측한다.
☞ 예시 답안
　조선엔 제대로 된 지도 한 장이 없었다는 생각을 퍼뜨려 조선이 문화 수준이 떨어지는 나라라는 열등감을 심으려고.
5. 문화재의 가치를 글로 요약한다.
☞ 예시 답안
　저는 대한민국 ○○초등학교 4학년 홍민표입니다.
　우리나라에 '대동여지도'라는 훌륭한 문화재가 있어 소개하려고 해요. 이 지도는 김정호라는 사람이 1861년 완성한 조선의 전국 지도지요.
　대동여지도를 보면 그 크기와 정교함에 놀라실 겁니다. 가로 4미터, 세로 7미터에 이르기 때문에 걸어두면 건물 3층 높이에 해당합니다. 또 얼마나 정확하게 그렸는지 오늘날 인공위성으로 찍은 한반도 사진과 비교해도 손색이 없답니다. 과학적 장비가 없던 시대에 이토록 정확한 지도를 그렸다는 것이 불가사의지요. 무엇보다 백성을 편하게 하려는 마음이 담긴 지도라 더욱 가치가 있습니다.
　이런 지도는 세계문화유산으로 등재해 세계인이 함께 보고 후손에게 소중한 유산으로 물려줘야 한다고 생각합니다.

## 고종 황제의 독립을 지키기 위한 노력
♣ 71쪽
1. 상반된 두 가지 주장에 대한 자신의 견해를 밝힌다.
☞ 예시 답안 생략
2. 주장에 대한 근거를 논리적으로 구술하는 활동이다.
☞ 예시 답안
　안녕하십니까? 대한제국 황제의 명을 받고 이곳에 온 이행복입니다. 저는 우리나라와 일본 사이에 맺어진 을사늑약의 부당함을 알리고자 이 자리에 섰습니다.
　우리 황제께서는 이 조약에 서명하신 일이 없습니다. 한 나라의 외교권을 다른 나라에 넘긴다는 것은 그 나라의 주권을 포기하는 것이기 때문입니다. 일본이 강압적인 분위기 속에서 대신들 몇 명만 데려다 놓고 작성했기 때문에 이 조약은 무효입니다.

♣ 72쪽
3. 사고를 확장해 주어진 정보의 의미를 파악한다.
☞ 예시 답안
　외국의 기술을 받아들이면 나라의 겉모습이 달라지지만 정신을 받아들이면 속까지 달라진다. 한 나라의 국민이 정신까지 외국과 비슷해지면 고유의 전통과 문화를 잃게 될 수도 있다.

4. 역사적 상황에 대한 궁금증을 가상 청문회 형식으로 풀어본다.

☞예시 답안

■질문 1 : 고종 황제께서는 10년 동안 대원군의 섭정을 받으셨는데 그때 아버지께 배운 것은 무엇입니까?

■답변 1 : 군주가 갖춰야 할 강인함입니다. 나라를 다스리는 방법은 생각이 달랐지만 역경에 굴하지 않고 자신의 뜻을 펴신 강인함은 존경했습니다.

■질문 2 : 외국 문물을 받아들인 것은 황제의 뜻입니까, 명성황후의 뜻입니까?

■답변 2 : 중전과 나의 공통된 뜻입니다.

■질문 3 : 일본인들이 명성황후를 살해하자 러시아 공관으로 몸을 피하셨습니다. 이것이 최선의 방법이었을까요?

■답변 3 : 저도 지금 그 점을 후회합니다. 제 목숨을 지키려고 나라의 위신을 떨어뜨린 것 같아 부끄럽습니다.

5. 역사적 인물을 평가하는 활동이다.

☞예시 답안

| 잘한 일 | |
|---|---|
| 내용 | 점수 |
| 을사늑약에 서명하지 않은 것 | +10 |
| 을사늑약의 부당함을 알리기 위해 만국평화회의에 특사를 파견한 일 | +30 |
| 근대화를 위해 서양의 발달된 기술을 받아들인 일 | +80 |

| 못한 일 | |
|---|---|
| 내용 | 점수 |
| 나라 이름을 대한제국으로 고치고 스스로 황제가 돼 권력을 탐하는 왕이라는 오해를 산 것 | -10 |
| 일본을 물리칠 때 외국 세력의 힘에 의존한 일 | -40 |
| 명성황후가 살해된 뒤 궁을 버리고 러시아 공관으로 피신한 일 | -20 |

점수 합계 : 50점

내가 생각하는 고종은 뛰어난 군주도, 그렇다고 아주 형편없는 군주도 아니다.

고종이 서양의 발전된 문물을 받아들여 부국강병을 이루려 했던 일은 잘한 것이라고 생각한다. 그는 당시 새로운 기술이 쏟아지며 급변하던 세계의 흐름을 정확히 읽었고, 그 흐름을 따라가는 것이 나라를 위한 길이라는 사실을 잘 알고 있었다.

그러나 외국 문물을 받아들이는 과정에서 외국 세력에게 지나치게 의존한 점은 잘못이라고 생각한다. 그 때문에 조선은 외국의 싸움터가 됐고, 결국 그 싸움에서 이긴 일본에게 나라를 빼앗겼기 때문이다.

어떤 군주든 잘한 일이 있으면 못한 일도 있게 마련이다. 고종 역시 그랬다. 다만 고종이 왕으로 있을 때 나라가 남의 손에 넘어갔기에 잘한 일이 못한 일에 가려진 것이다.

## 목숨 바쳐 독립운동 불씨 살린 청년 윤봉길

♣77쪽

1. 국가의 개념을 알고, 소중함을 깨닫는다.

☞예시 답안

국가는 나에게 부모다. 나를 보호해 주고, 꿈을 실현할 수 있도록 도와주니까.

2. 배경지식을 활용해 대안을 제시한다.

☞예시 답안

나는 과학을 무척 좋아하므로 독립군이 일본군과 싸울 때 사용하도록 신무기를 개발해 지원해 줄 것이다.

3. 정보를 압축해 구술한다.

☞예시 답안 생략

♣78쪽

4. 육하원칙에 입각한 객관적인 서술 능력과 정보 압축 능력을 기른다.

☞예시 답안

"중국 100만 대군보다 나은 윤봉길"

1932년 4월 29일 오전 11시 40분경 상하이 홍커우 공원에서 열린 일본군 전승 기념식장에 폭탄이 터져 일본군 우두머리 등 여러 명이 죽거나 다쳤다. 폭탄을 던진 사람은 25살의 조선인 윤봉길로, 독립운동을 위해 죽음을 무릅쓰고 거사를 치렀다.

이번 폭탄 투척 사건에 대해 장제스 주석은 "중국의 100만 대군이 하지 못한 일을 한국인 윤봉길이 혼자 해냈다."고 격찬했다.

5. 대안 제시 능력을 기르는 훈련이다.

☞예시 답안 생략

6. 상대의 논리를 반박하며 설득하는 논리적인 서술 능력을 기른다.

☞ 예시 답안

　일본은 윤봉길 의사가 폭탄을 던져 죄 없는 일본군 우두머리 등 여러 사람을 죽거나 다치게 했다고 격분했습니다. 그리고 현장에서 잡힌 윤봉길 의사를 무차별로 폭행하고 고문한 뒤 군사재판에 넘겨 그를 비밀리에 총살했습니다.
　그러나 윤봉길 의사의 행동은 죄가 없습니다. 일본은 조선을 힘으로 집어삼킨 뒤 국민의 재산을 빼앗고, 마음에 안 든다고 많은 사람을 죽였습니다.
　조선의 고종 황제가 독립을 위해 여러 나라에 도움도 요청했지만, 번번이 일본의 방해로 실패하고 말았습니다.
　무력으로 짓밟히고 자유를 억압받는 상황에서 나라를 되찾기 위해 폭탄을 던진 행동은 정당한 것입니다. 따라서 일본은 당시 윤봉길 의사를 석방하고 강제로 빼앗은 조선의 국권을 돌려줘야 마땅했습니다.